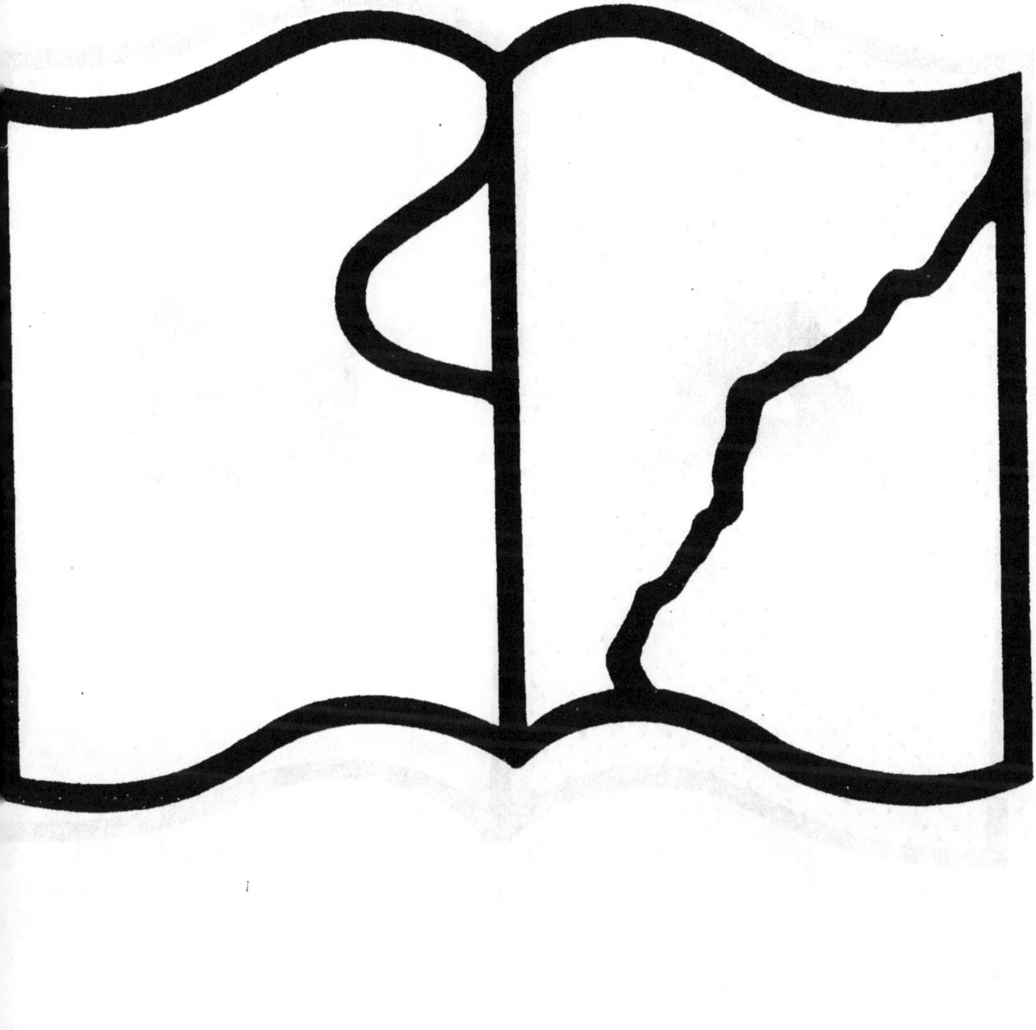

Texte détérioré — reliure défectueuse

NF Z 43-120-11

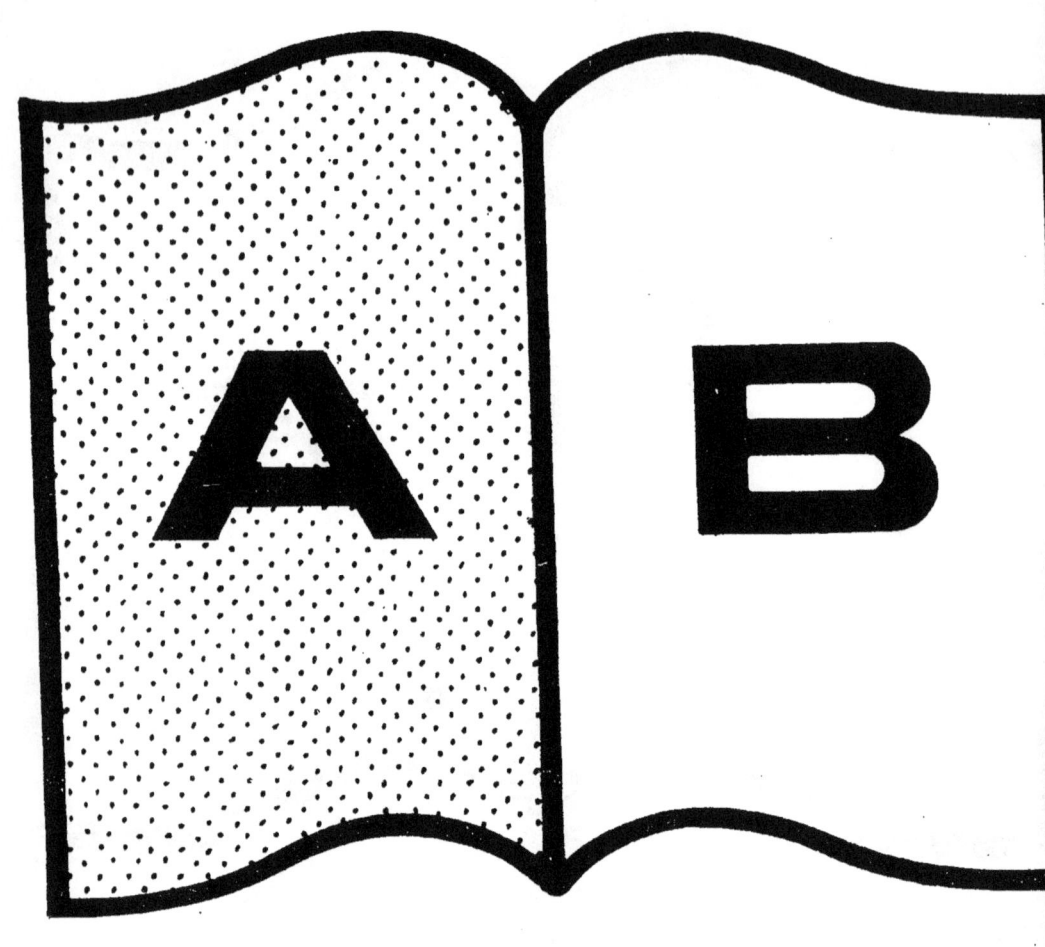

Contraste insuffisant

NF Z 43-120-14

Y

ye   20839

15 centimes la Livraison, **une Gravure dans chacune**

CHANTS ET CHANSONS
(POÉSIE ET MUSIQUE)
DE
PIERRE DUPONT
ILLUSTRÉS
DE
GRAVURES SUR ACIER
d'après
TONY JOHANNOT, ANDRIEUX, C. NANTEUIL, ETC.

Prospectus.

Nous allons éditer une collection de chants de Pierre Dupont. Sans trop élever le prix modeste qu'il a fixé lui-même, nous voulons donner le plus grand soin à l'exécution typographique, et l'illustrer avec des gravures de nos premiers artistes.

De ces chants, beaucoup sont encore inédits, quoique remontant à une date déjà vieille. L'auteur disait, en 1847, dans la préface d'un petit poëme : « L'édition est capricieuse à ceux qui font des vers.... »

C'est qu'une édition sérieuse ne se fait pas en un jour. La sympathie publique en est la condition indispensable. C'est par une sorte de bénéfice anticipé, et grâce à des circonstances exceptionnelles, que Pierre Dupont a pu se faire connaître.

Sa vie nomade, sa voix foraine, qui tantôt *détone un Noël*, tantôt un chant patriotique, tantôt une mélodie amoureuse, ont été ses premiers éditeurs. Maintenant il a droit à ce que des feuilles moins fugitives consignent ses rhapsodies et ses inspirations. Il faut qu'elles éveillent des échos jusqu'au fond des chaumières; elles sont populaires, aimantes et naïves.

Qu'elles suivent la charrue du laboureur; qu'elles fassent glisser la lime ou la navette de l'ouvrier; qu'elles jettent dans l'esprit des femmes, non pas une mélancolie vaine, mais le désir et le sentiment du beau; qu'elles élèvent le sentiment patriotique jusqu'à la fraternité internationale des peuples.

Ne cessons pas de chanter. Le coq salue chaque nuit une aurore nouvelle; ne croyons pas au déclin : le monde renaît tous les jours.

Nous désignons par une date celles de ces chansons qui ont un caractère historique.

Conditions de la Souscription.

Les Chants et Chansons de PIERRE DUPONT (poésie et musique), publiés pour la première fois dans une édition *uniforme*, seront imprimés en caractères neufs dans le format petit in-8º, sur papier vélin, glacé et satiné, semblables à celui de ce prospectus. Cette édition sera ILLUSTRÉE d'une charmante collection de vignettes sur acier, exécutée par les meilleurs graveurs, d'après les dessins de Tony Johannot, Andrieux, C. Nanteuil, etc.

Les nouvelles productions de l'auteur seront ajoutées à mesure qu'elles paraîtront.

Le recueil sera complété par une Notice sur l'Auteur, *son portrait* gravé sur acier, les titres, tables et couvertures nécessaires pour la réunion en volumes.

Cette édition paraîtra par livraisons, qui contiendront chacune un chant avec la musique et UNE GRAVURE SUR ACIER; chaque livraison cousue dans une couverture imprimée FORME UN TOUT COMPLET ET SE VEND SÉPARÉMENT.

PRIX DE CHAQUE LIVRAISON
15 centimes.

Les chants politiques soumis au timbre se payeront 20 centimes.
Afin que le texte ne soit pas maculé, le timbre sera apposé sur la couverture.

On souscrit à Paris chez

LEDOYEN et GIRET Quai des Augustins, 7.
MARTINON, rue du Coq-saint-Honoré, 4. — DUTERTRE, passage Bourg-l'Abbé, 20.
ET CHEZ L'ÉDITEUR, RUE DE L'ECOLE-DE-MÉDECINE, 58.

A Paris, les livraisons seront remises à domicile sans augmentation de prix.
Dans les Départements, s'adresser aux libraires de sa ville.
Par la poste, les livraisons coûteront 20 centimes; envoyer pour 20 livraisons un mandat de poste de 4 francs à l'adresse de *l'Éditeur des Chansons de Pierre Dupont.*

Paris. — Imp. Bénard et Cie, rue Damiette, 2.

Paris, le 12 mars 1851.

M

J'ai l'honneur de vous donner avis de la mise en vente de la première Livraison des Chants et Chansons de Pierre Dupont, dont la publication était annoncée depuis longtemps.

PIERRE DUPONT, tout à la fois poète et musicien, est le chansonnier en vogue aujourd'hui ; plus connu jusqu'ici par ses chansons rustiques et ses chants politiques, le recueil que nous publions le fera connaître sous un nouvel aspect ; car il contiendra, outre ses chants anciens, ceux encore inédits, qui pour la plupart appartiennent au genre philosophique et au genre gracieux.

Ci-joint un prospectus qui indique les conditions de cette publication, mais je désire appeler votre attention sur ce point que chaque livraison contiendra une gravure sur acier et ne coûtera que 15 centimes ; cependant, et malgré la modicité de ce prix, la bonne remise qui sera accordée à la librairie, vous donnera autant de bénéfice sur ces livraisons que vous en donnent ordinairement les livraisons à 20 centimes, 25 centimes et 30 centimes.

Si votre bienveillant concours ne lui fait défaut, les soins apportés à l'édition de ce recueil et l'attente générale souvent manifestée, permettent de compter sur un succès pareil à celui qu'a rencontré la publication des auteurs chansonniers qui jouissent d'une véritable et légitime popularité.

Si vous désirez recevoir un spécimen, des affiches et des prospectus, veuillez nous en adresser la demande, ils vous seront expédiés de suite par la voie que vous indiquerez.

Pour les demandes d'exemplaires au-dessous de 150, veuillez les adresser à votre commissionnaire.

Pour 150 exemplaires de chaque livraison et au-dessus, je vous les fournirai directement, avec une remise très-avantageuse, et vous ouvrirai, à cet effet, un compte réglable tous les 2 mois en une traite à 2 mois de date.

Pour 500 exemplaires, j'ajoute aux conditions précédentes l'offre de 100 affiches timbrées, 1000 prospectus et les couvertures de livraisons avec votre nom et votre adresse.

Veuillez agréer, M   , l'assurance de ma parfaite considération

L'Editeur des Chants et Chansons de Pierre Dupont,

rue de l'Ecole de Médecine, 58.

CHANTS ET CHANSONS
DE
PIERRE DUPONT

TOME PREMIER.

Paris. — Imprimerie de L. MARTINET, rue Mignon, 2.

PIERRE DUPONT.

Dessiné d'après nature par Gigoux.

CHANTS et CHANSONS

(POÉSIE ET MUSIQUE)

DE

PIERRE DUPONT

ORNÉS DE GRAVURES SUR ACIER

D'APRÈS

T. Johannot, Andrieux, C. Nanteuil, etc.

TOME PREMIER.

PARIS, CHEZ L'ÉDITEUR,

RUE DE L'ÉCOLE-DE-MÉDECINE, 58.

MDCCCLI

NOTICE
SUR
PIERRE DUPONT.

Je viens de relire attentivement les *Chants et chansons* de Pierre Dupont, et je reste convaincu que le succès de ce nouveau poëte est un événement grave, non pas tant à cause de sa valeur propre, qui cependant est très grande, qu'à cause des sentiments publics dont cette poésie est le symptôme, et dont Pierre Dupont s'est fait l'écho.

Pour mieux expliquer cette pensée, je prie le lecteur de considérer rapidement et largement le développement de la poésie dans les temps qui ont précédé. Certainement il y aurait injustice à nier les services qu'a rendus l'école dite romantique. Elle nous rappela à la vérité de l'image, elle détruisit les poncifs académiques, et même au point de vue supérieur de la linguistique, elle ne mérite pas les dédains dont l'ont iniquement couverte certains pédants impuissants. Mais, par son principe même, l'insurrection romantique était condamnée à une vie courte. La puérile utopie de l'école de *l'art pour l'art*, en excluant la morale, et souvent même la passion, était nécessairement stérile. Elle se mettait en flagrante contravention avec le génie de l'humanité. Au nom des principes supérieurs qui constituent la vie universelle, nous avons le droit de la déclarer coupable d'hétérodoxie. Sans doute, des littérateurs très ingénieux, des antiquaires très érudits, des versificateurs qui, il faut l'avouer, élevèrent la prosodie presque à la hauteur d'une création, furent mêlés à ce mouvement, et tirèrent des moyens qu'ils avaient mis en commun des effets très surprenants. Quelques uns d'entre eux consentirent même à profiter du milieu politique. Navarin attira leurs yeux vers l'Orient, et le philhellénisme engendra un livre éclatant comme un mouchoir ou un châle de l'Inde. Toutes les superstitions catholiques ou orientales furent chantées dans des rhythmes savants et singuliers. Mais combien nous devons, à ces accents purement matériels, faits pour éblouir la vue tremblante des enfants ou pour caresser leur oreille paresseuse, préférer la plainte de cette individualité maladive, qui, du fond d'un cercueil fictif, s'évertuait à intéresser une société troublée à ses mélancolies irrémédiables. Quelque égoïste qu'il soit, le poëte me cause moins de colère quand il dit : Moi, je pense... moi, je sens..., que le musicien ou le barbouilleur infatigable qui a fait un pacte satanique avec son instrument. La coquinerie naïve de l'un se fait pardonner ; l'impudence académique de l'autre me révolte.

Mais plus encore que celui-là, je préfère le poëte qui se met en communication permanente avec les hommes de son temps, et échange avec eux des pensées et des sentiments traduits dans un noble langage suffisamment correct. Le poëte, placé sur un des points de la circonférence de l'humanité, renvoie sur la même ligne en vibrations plus mélodieuses la pensée humaine qui lui fut transmise; tout poëte véritable doit être une incarnation, et, pour compléter d'une manière définitive ma pensée par un exemple récent, malgré tous ces travaux littéraires, malgré tous ces efforts accomplis hors de la loi de vérité, malgré tout ce dilettantisme, ce *voluptuosisme* armé de mille instruments et de mille ruses, quand un poëte, maladroit quelquefois, mais presque toujours grand, vint dans un langage enflammé proclamer la sainteté de l'insurrection de 1830 et chanter les misères de l'Angleterre et de l'Irlande, malgré ses rimes insuffisantes, malgré ses pléonasmes, malgré ses périodes non finies, la question fut vidée, et l'art fut désormais inséparable de la morale et de l'utilité.

La destinée de Pierre Dupont fut analogue.

Rappelons-nous les dernières années de la monarchie. Qu'il serait curieux de raconter dans un livre impartial les sentiments, les doctrines, la vie extérieure, la vie intime, les modes et les mœurs de la jeunesse sous le règne de Louis-Philippe! L'esprit seul était surexcité, le cœur n'avait aucune part dans le mouvement, et la fameuse parole : *enrichissez-vous*, légitime et vraie en tant qu'elle implique la moralité, la niait par ce seul fait qu'elle ne l'affirmait pas. La richesse peut être une garantie de savoir et de moralité, à la condition qu'elle soit bien acquise ; mais quand la richesse est montrée comme le seul but final de tous les efforts de l'individu, l'enthousiasme, la charité, la philosophie, et tout ce qui fait le patrimoine commun dans un système éclectique et propriétairiste, disparaît. L'histoire de la jeunesse, sous le règne de Louis-Philippe, est une histoire de lieux de débauche et de restaurants. Avec moins d'impudence, avec moins de prodigalités, avec plus de réserve, les filles entretenues obtinrent, sous le règne de Louis-Philippe, une gloire et une importance égales à celles qu'elles eurent sous l'Empire. De temps en temps retentissait dans l'air un grand vacarme de discours semblables à ceux du Portique, et les échos de la Maison-d'Or se mêlaient aux paradoxes innocents du palais législatif.

Cependant quelques chants purs et frais commençaient à circuler dans des concerts et dans des sociétés particulières. C'était comme un rappel à l'ordre et une invitation de la nature ; et les esprits les plus corrompus les accueillaient comme un rafraîchissement, comme une oasis. Quelques pastorales (*les Paysans*) venaient de paraître, et déjà les pianos bourgeois les répétaient avec une joie étourdie.

Ici commence, d'une manière positive et décidée, la vie parisienne de Pierre Dupont; mais il est utile de remonter plus haut, non seulement pour satisfaire une curiosité publique légitime, mais aussi pour montrer quelle admirable logique existe dans la genèse des faits matériels et des phénomènes moraux. Le public aime à se rendre compte de l'éducation des esprits auxquels il accorde sa confiance; on dirait qu'il est poussé en ceci par un sentiment indomptable d'égalité. « Tu as touché notre cœur ! Il faut nous démontrer que tu n'es qu'un homme, et que les mêmes éléments de perfectionnement existent pour nous tous. » Au philosophe, au savant, au poëte, à l'artiste, à tout ce qui est grand, à quiconque le remue et le transforme, le public fait la même requête. L'immense appétit que nous avons pour les biographies naît d'un sentiment profond de l'égalité.

L'enfance et la jeunesse de Pierre Dupont ressemblent à l'enfance et à la jeunesse de tous les hommes destinés à devenir célèbres. Elle est très simple, et elle explique l'âge suivant. Les sensations fraîches de la famille, l'amour, la contrainte, l'esprit de révolte s'y mêlent en quantités suffisantes pour créer un poëte. Le reste est de l'acquis. Pierre Dupont naît le 23 avril 1821, à Lyon, la grande ville du travail et des merveilles industrielles. Une famille d'artisans, le travail, l'ordre, le spectacle de la richesse journalière créée, tout cela portera ses fruits; il perd sa mère à l'âge de quatre ans; un vieux parrain, un prêtre, l'accueille chez lui, et commence une éducation qui devait se continuer au petit séminaire de Largentière. Au sortir de la maison religieuse, Dupont devient apprenti canut; mais bientôt on le jette dans une maison de banque, un grand étouffoir. Les grandes feuilles de papier à lignes rouges, les hideux cartons verts des notaires et des avoués, pleins de dissensions, de haines, de querelles de familles, souvent de crimes inconnus, la régularité cruelle, implacable d'une maison de commerce, toutes ces choses sont bien faites pour achever la création d'un poëte. Il est bon que chacun de nous, une fois dans sa vie, ait éprouvé la pression d'une odieuse tyrannie. Il apprend à la haïr. Combien de philosophes a engendrés le séminaire ! Combien de natures révoltées ont pris vie auprès d'un cruel et ponctuel militaire de l'Empire ! Fécondante discipline, combien nous te devons de chants de liberté ! La pauvre et généreuse nature, un beau matin, fait son explosion, le charme satanique est rompu, et il n'en reste que ce qu'il faut, un souvenir de douleur, un levain pour la pâte.

Il y avait à Provins un grand-père chez qui Pierre Dupont allait quelquefois; là il fit connaissance de M. Pierre Lebrun, de l'Académie, et peu de temps après, ayant tiré au sort il fut obligé de rejoindre un régiment de chasseurs. Par grand bonheur, le livre *Les Deux Anges* était fait. M. Pierre Lebrun imagina de faire souscrire beaucoup de personnes à l'impression du livre; les bénéfices furent consacrés à payer un remplaçant. Ainsi Pierre Dupont commença sa vie, pour ainsi dire publique, par se racheter de l'esclavage par la poésie. Ce sera pour lui un grand honneur et une grande consolation d'avoir, jeune, forcé la muse à jouer un rôle utile, immédiat, dans sa vie.

— Ce même livre, incomplet, souvent incorrect, d'une allure indécise, contient cependant, ainsi que cela arrive généralement, le germe d'un talent futur qu'une intelligence élevée pouvait, à coup sûr, pronostiquer. Le volume obtint un prix à l'Académie, et Pierre Dupont eut dès lors une petite place en qualité d'aide aux travaux du dictionnaire. Je crois volontiers que ces fonctions, quelque minimes qu'elles fussent en apparence, servirent à augmenter et perfectionner en lui le goût de la belle langue. Contraint d'entendre souvent les discussions orageuses de la rhétorique et de la grammaire antique aux prises avec la moderne, les querelles vives et spirituelles de M. Cousin avec M. Victor Hugo, son esprit dut se fortifier à cette gymnastique, et il apprit ainsi à connaître l'immense valeur du mot propre. Ceci paraîtra peut-être puéril à beaucoup de gens, mais ceux-là ne se sont pas rendu compte du travail successif qui se fait dans l'esprit des écrivains, et de la série des circonstances nécessaires pour créer un poëte.

Pierre Dupont se conduisit définitivement avec l'Académie comme il avait fait avec la maison de banque. Il voulut être libre, et il fit bien. Le poëte doit vivre par lui-même; il doit, comme disait Honoré de Balzac, offrir une surface commerciale. Il faut que son outil le nourrisse. Les rapports de Pierre Dupont et de M. Lebrun furent toujours purs et nobles, et, comme l'a dit Sainte-Beuve, si Dupont voulut être tout à fait libre et indépendant, il n'en resta pas moins reconnaissant du passé.

Le recueil *Les Paysans, chants rustiques*, parut donc : une édition proprette, illustrée d'assez jolies lithographies, et qui pouvait se présenter avec hardiesse dans les salons, et prendre décemment sa place sur les pianos de la bourgeoisie. Tout le monde sut gré au poëte d'avoir enfin introduit un peu de vérité et de nature dans ces chants destinés à charmer les soirées. Ce n'était plus cette nourriture indigeste de crèmes et de sucreries dont les familles illettrées bourrent imprudemment la mémoire de leurs demoiselles. C'était un mélange véridique d'une mélancolie naïve avec une joie turbulente et innocente, et par-ci par-là les accents robustes de la virilité laborieuse.

Cependant Dupont, s'avançant dans sa voie naturelle, avait composé un chant d'une allure plus décidée, et bien mieux fait pour émouvoir le cœur des habitants d'une grande ville. Je me rappelle encore la première confidence qu'il m'en fit, avec une naïveté charmante, et comme encore indécis dans sa résolution. Quand j'entendis cet admirable cri de douleur et de mélancolie (*Le Chant des Ouvriers*, 1846), je fus ébloui et attendri. Il y avait tant d'années que nous attendions un peu de poésie forte et vraie! Il est impossible, à quelque parti qu'on appartienne, de quelques préjugés qu'on ait été nourri, de ne pas être touché du spectacle de cette multitude maladive respirant la poussière des ateliers, avalant du coton, s'imprégnant de céruse, de mercure et de tous les poisons nécessaires à la création des chefs-d'œuvre, dormant dans la vermine, au fond des quartiers où les vertus les plus humbles et les plus grandes nichent à côté des vices les plus endurcis et des vomissements du bagne; de cette multitude soupirante et languissante à qui *la terre doit ses merveilles :* qui sent *un sang vermeil et impétueux couler dans ses veines*, qui jette un long regard chargé de tristesse sur le soleil et l'ombre des grands parcs, et qui, pour suffisante consolation et recomfort, répète à tue-tête son refrain sauveur : *Aimons-nous !...*

Dès lors, la destinée de Dupont était faite : il n'avait plus qu'à marcher dans la voie découverte. Raconter les joies, les douleurs et les dangers de chaque métier, et éclairer tous ces aspects particuliers et tous ces horizons divers de la souffrance et du travail humain par une philosophie consolatrice, tel était le devoir qui lui incombait, et qu'il accomplit patiemment. Il viendra un temps où les accents de cette Marseillaise du travail circuleront comme un mot d'ordre maçonnique, et où l'exilé, l'abandonné, le voyageur perdu, soit sous le ciel dévorant des tropiques, soit dans les déserts de neige, quand il entendra cette forte mélodie parfumer l'air de sa senteur originelle,

> Nous dont la lampe le matin
> Au clairon du coq se rallume,
> Nous tous qu'un salaire incertain
> Ramène avant l'aube à l'enclume,
> . . . .

pourra dire : Je n'ai plus rien à craindre, je suis en France !

La Révolution de Février activa cette floraison impatiente, et augmenta les vibrations de la corde populaire ; tous les malheurs et toutes les espérances de la Révolution firent écho dans la poésie de Pierre Dupont. Cependant la muse pastorale ne perdit pas ses droits, et à mesure qu'on avance dans son œuvre, on voit toujours, on entend toujours, comme au sein des chaînes tourmentées de montagnes orageuses, à côté de la route banale et agitée, bruire doucement et reluire la fraîche source primitive qui filtre des hautes neiges :

> Entendez-vous au creux du val
> Ce long murmure qui serpente !
> Est-ce une flûte de cristal !
> Non, c'est la voix de l'eau qui chante.

L'œuvre du poëte se divise naturellement en trois parties, les pastorales, les chants politiques et socialistes, et quelques chants symboliques qui sont comme la philosophie de l'œuvre. Cette partie est peut-être la plus personnelle, c'est le développement d'une philosophie un peu ténébreuse, une espèce de mysticité amoureuse. L'optimisme de Dupont, sa confiance illimitée dans la bonté native de l'homme, son amour fanatique de la nature, font la plus grande partie de son talent. Il existe une comédie espagnole où une jeune fille demande en écoutant le tapage ardent des oiseaux dans les arbres : Quelle est cette voix, et que chante-t-elle? Et les oiseaux répètent en chœur : l'amour, l'amour! Feuilles des arbres, vent du ciel, que dites-vous, que commandez-vous? Et le chœur de répondre : l'amour, l'amour! le chœur des ruisseaux dit la même chose. La série est longue, et le refrain est toujours semblable. Cette voix mystérieuse chante d'une manière permanente le remède universel dans l'œuvre de Dupont. La beauté mélancolique de la nature a laissé dans son âme une telle empreinte, que s'il veut composer un chant funèbre sur l'abominable guerre civile, les premières images et les premiers vers qui lui viennent à l'esprit sont :

<blockquote>
La France est pâle comme un lys,
Le front ceint de grises verveines.
</blockquote>

Sans doute, plusieurs personnes regretteront de ne pas trouver dans ces chants politiques et guerriers tout le bruit et tout l'éclat de la guerre, tous les transports de l'enthousiasme et de la haine, les cris enragés du clairon, le sifflement du fifre pareil à la folle espérance de la jeunesse qui court à la conquête du monde, le grondement infatigable du canon, les gémissements des blessés, et tout le fracas de la victoire, si cher à une nation militaire comme la nôtre. Mais qu'on y réfléchisse bien, ce qui chez un autre serait défaut chez Dupont devient qualité. En effet, comment pourrait-il se contredire? De temps à autre, un grand accent d'indignation s'élève de sa bouche, mais on voit qu'il pardonnera vite, au moindre signe de repentir, au premier rayon du soleil! Une seule fois, Dupont a constaté, peut-être à son insu, l'utilité de l'esprit de destruction; cet aveu lui a échappé, mais voyez dans quels termes :

<blockquote>
Le glaive brisera le glaive,
Et du combat naîtra l'amour!
</blockquote>

En définitive, quand on relit attentivement ces chants politiques, on leur trouve une saveur particulière. Ils se tiennent bien, et ils sont unis entre eux par un lien commun, qui est l'amour de l'humanité.

Cette dernière ligne me suscite une réflexion qui éclaire d'un grand jour le succès légitime, mais étonnant, de notre poëte. Il y a des époques où les moyens d'exécution dans tous les arts sont assez nombreux, assez perfectionnés et assez peu coûteux pour que chacun puisse se les approprier en quantité à peu près égale. Il y a des temps où tous les peintres savent plus ou moins rapidement et habilement couvrir une toile; de même les poëtes. Pourquoi le nom de celui-ci est-il dans toutes les bouches, et le nom de celui-là rampet-il encore ténébreusement dans des casiers de librairie, ou dort-il manuscrit dans des cartons de journaux ? En un mot, quel est le grand secret de Dupont, et d'où vient cette sympathie qui l'enveloppe ? Ce grand secret, je vais vous le dire, il est bien simple : il n'est ni dans l'acquis, ni dans l'ingéniosité, ni dans l'habileté du faire, ni dans la plus ou moins grande quantité de procédés que l'artiste a puisés dans le fonds commun du savoir humain ; il est dans l'amour de la vertu et de l'humanité, et dans ce je ne sais quoi qui s'exhale incessamment de sa poésie, que j'appellerais volontiers le goût infini de la République.

Il y a encore autre chose, oui, il y a autre chose.

C'est la joie !

C'est un fait singulier que cette joie qui respire et domine dans les œuvres de quelques écrivains célèbres, ainsi que l'a judicieusement noté Champfleury à propos d'Honoré de Balzac. Quelque grandes que soient les douleurs qui les surprennent, quelque affligeants que soient les spectacles humains, leur bon tempérament reprend le dessus, et peut-être quelque chose de mieux, qui est un grand esprit de sagesse. On dirait qu'ils portent en eux-mêmes leur consolation. En effet, la nature est si belle, et l'homme est si grand, qu'il est difficile, en se mettant à un point de vue supérieur, de concevoir le sens du mot : irréparable. Quand un poëte vient affirmer des choses aussi bonnes et aussi consolantes, aurez-vous le courage de regimber ?

Disparaissez donc, ombres fallacieuses de René, d'Oberman et de Werther ; fuyez dans les brouillards du vide ; monstrueuses créations de la paresse et de la solitude ; comme les pourceaux dans le lac de Génézareth, allez vous replonger dans les forêts enchantées d'où vous tirèrent les fées ennemies, moutons attaqués du vertigo romantique. Le génie de l'action ne vous laisse plus de place parmi nous.

Quand je parcours l'œuvre de Dupont, je sens toujours revenir dans ma mémoire, sans doute à cause de quelque secrète affinité, ce sublime mouvement de Proudhon, plein de tendresse et d'enthousiasme : il entend fredonner la chanson Lyonnaise,

>Allons, du courage,
>Braves ouvriers !
>Du cœur à l'ouvrage !
>Soyons les premiers.

et il s'écrie :

« Allez donc au travail en chantant, race prédestinée, votre re» frain est plus beau que celui de Rouget de Lisle (1). »

Ce sera l'éternel honneur de Pierre Dupont d'avoir le premier enfoncé la porte. La hache à la main, il a coupé les chaînes du pont-

---

(1) *Avertissement aux propriétaires.*

levis de la forteresse; maintenant la poésie populaire peut passer.

De grandes imprécations, des soupirs profonds d'espérance, des cris d'encouragement infini commencent à soulever les poitrines. Tout cela deviendra livre, poésie et chant, en dépit de toutes les résistances.

C'est une grande destinée que celle de la poésie! Joyeuse ou lamentable, elle porte toujours en soi le divin caractère utopique. Elle contredit sans cesse le fait, à peine de ne plus être. Dans le cachot, elle se fait révolte; à la fenêtre de l'hôpital, elle est ardente espérance de guérison; dans la mansarde déchirée et malpropre, elle se pare comme une fée du luxe et de l'élégance; non seulement elle constate, mais elle répare. Partout elle se fait négation de l'iniquité.

Va donc à l'avenir en chantant, poëte providentiel, tes chants sont le décalque lumineux des espérances et des convictions populaires!

L'édition à laquelle cette notice est annexée contient, avec chaque chanson, la musique qui est presque toujours du poëte lui-même, mélodies simples et d'un caractère libre et franc, mais qui demandent un certain art pour bien être exécutées. Il était véritablement utile, pour donner une idée juste de ce talent, de fournir le texte musical, beaucoup de poésies étant admirablement complétées par le chant. Ainsi que beaucoup de personnes, j'ai souvent entendu Pierre Dupont chanter lui-même ses œuvres, et comme elles, je pense que nul ne les a mieux chantées. J'ai entendu de belles voix essayer ces accents rustiques ou patriotiques, et cependant je n'éprouvais qu'un malaise irritant. Comme ce livre ira chez tous ceux qui aiment la poésie, et qui aussi pour la consolation de la famille, pour la célébration de l'hospitalité, pour l'allégement des soirées d'hiver, veulent les exécuter eux-mêmes, je leur ferai part d'une réflexion qui m'est venue en cherchant la cause du déplaisir que m'ont causé beaucoup de chanteurs. Il ne suffit pas d'avoir la voix juste ou belle, il est beaucoup plus important d'avoir du sentiment. La plupart des chants de Dupont, qu'ils soient une situation de l'esprit ou un récit, sont des drames lyriques, dont les descriptions font les décors et le fond. Il vous faut donc, pour bien représenter l'œuvre, *entrer dans la peau de l'être créé*, vous pénétrer profondément des sentiments qu'il exprime, et les si bien sentir, qu'il vous semble que ce soit votre œuvre propre. Il faut s'assimiler une œuvre pour la bien exprimer; voilà sans doute une de ces vérités banales et répétées mille fois, qu'il faut répéter encore. Si vous méprisez mon avis, cherchez un autre secret.

CHARLES BAUDELAIRE.

PRÉFACE.

> Et des maux fraternels mon cœur est en émoi ;
> O Dieu ! montre-toi bon pour tous comme pour moi !
> Dieu ménagea le vent à ma pauvreté nue,
> Mais le siècle d'airain pour d'autres continue....
>
> Pour qu'à tes fils élus, tes fils déshérités
> Ne lancent point d'en bas des regards irrités,
> Aux petits des oiseaux toi qui donnes pâture,
> Nourris toutes les faims ! à tous dans la nature
> Que ton hiver soit doux ! et, son règne fini,
> Le poëte et l'oiseau te diront : sois béni !
>
> <div align="right">HÉGÉSIPPE MOREAU (<i>l'Hiver</i>).</div>

Pendant que, recueilli devant un site agreste, vous écoutez les bruits de la nature, s'il s'élève de ce fourmillement de notes une mélodie humaine en harmonie avec le paysage, vous passez de la sensation vague au sentiment réel. La création est réfléchie dans une pensée, elle trouve un écho intelligent qui en éveillera d'autres. Un lien s'établit entre vous et celui qui chante ; vous êtes enchaîné par le rhythme. Voilà l'origine des vers, du chant, des premières danses rustiques, et sans doute des premières sociétés.

Que dans l'état primitif où les hommes vivaient de leurs troupeaux, une tribu rapace et brutale se soit précipitée sur les gardiens paisibles, comme la tradition le rapporte de Caïn sur Abel ; n'est-ce pas là le premier cri d'alarme et, par suite, les premiers hymnes guerriers ?

Aux champs, dans l'intervalle des travaux, pendant les chaudes journées d'été, au moment où les moissonneurs assis à l'ombre se repassent la cruche de vin, ou encore durant ces longues veillées d'hiver où l'on se chauffe dans les étables, au souffle des animaux, pendant que les femmes filent et que les hommes rêvent, vous figurez-vous le conteur épique dévidant le fil des choses depuis les anciens temps et faisant passer devant les imaginations naïves, les inventions des arts utiles et les exploits meurtriers des héros? voilà l'épopée.

Dans les villes, où les populations laborieuses s'exténuent tout le jour à la production des chefs-d'œuvre de l'industrie, à l'heure où la lampe s'éteint, où l'atelier se ferme, les hauts portiques sont encombrés; les grandes salles sont envahies, et, sous le feu de la rampe, se traduisent en une action saisissante les chocs des passions et des intérêts; le vice étreint la vertu comme le vautour la colombe, et une morale pure se dégage du dénoûment. Les imaginations actives et brûlantes sont occupées et rafraîchies, les esprits naïfs et bruts tirent des conséquences justes des faits déroulés sous leurs yeux, les illusions de la scène adoucissent pour eux la réalité de la vie : voilà le drame, et, en somme, les quatre principaux genres de poésie; on voit facilement comment les autres s'y rattachent.

Sous toutes ces formes, aussi nuancées qu'il y a de génies et de talents divers, la poésie tour à tour, ou tout ensemble, charme, console, instruit, met en relief les âges passés ou élève l'âme à une conception supérieure de l'avenir et de l'idéal. Chaque poëte exerce sur sa nation, sur ses contemporains, sur son siècle, sur la postérité même, une influence qui n'est personnelle que par la forme, et dont l'essence est un rayon divin.

La poésie n'est pas simple divertissement, ni vérité abstraite; elle ne peut pas s'isoler du bon et du vrai, n'être que le beau ou l'art pour l'art, ce qui ne se conçoit pas; elle n'est pas seulement son, couleur, sentiment, elle procède de tout l'être et revêt toutes les formes de la vie; c'est le langage humain vivant comme la fleur, l'oiseau, l'homme, une réunion d'hommes. C'est, en un mot, un miroir vivant de la vie à tous ses degrés, depuis le simple jusqu'au multiple, depuis l'idylle jusqu'au poëme épique, jusqu'au drame : seulement la poésie se fait toute à tous, et participant de la lumière même, elle luit pour tout le monde. Les poëtes, dont la figure austère et sublime reste gravée en médaille dans la mémoire des hommes, Homère, Dante, Shakespeare tiennent le domaine tout entier, et connaissent, comme Salomon, du cèdre à l'hysope ; ils éclairent des cimes aux vallées, et gardent leur place invariable au ciel de l'intelligence, dont ils sont les constellations ; mais dans les replis des moindres coteaux, il y a une flore de poëtes et d'âmes qui ont senti à l'unisson de ces grands génies. Il y a, outre la poésie divine, humaine, séculaire, la poésie locale qui a directement agi sur les hommes de telle ou telle contrée.

Voilà ce que dit un poëte chinois, Li-Taïpe, dont le nom signifie lumière du matin :

Un homme pêchant sur un bateau est supposé conduit sur le courant par des fleurs de pêcher qui flottent à la surface de l'eau, dans une baie étroite qu'il traverse, et dont il ne peut plus retrouver le rivage.

Voilà ce qu'il a cru voir :

« Peu nombreux étaient les habitants de ce beau séjour ;
» leurs manières et leurs mœurs étaient celles des jours an-
» tiques ; partout leurs champs étaient prodigues de fleurs et
» des doux trésors naturels. Aucun impôt ne consommait le
» fruit de leurs labeurs ; les vers que chantaient leurs enfants
» étaient ceux des temps anciens qu'on ignore. On entendait
» au loin dans la vallée les chants retentissants du coq, et les
» aboiements du chien de ferme saluaient les premiers rayons
» du jour. Oh ! puisse ma barque regagner ces plages for-
» tunées ! »

Voulez-vous un sentiment à la fois guerrier et moral chez un peuple qui tient à notre sol comme les Pyrénées qu'il habite, chez les Basques?

Il y eut en Biscaye un chef très brave nommé Lelo; sa femme est séduite pendant qu'il est à la guerre, et le séducteur tue le guerrier à son retour. L'indignation produite par ce crime se traduit en un refrain qui commence les chants nationaux des Basques :

« O Lelo! Lelo est mort! Les étrangers de Rome veulent
» forcer la Biscaye; du côté de la mer, du côté de la terre,
» ils nous assiégent; les plaines arides sont à eux : à nous
» les bois de la montagne et les cavernes. Petite est notre
» frayeur; mais, ô notre arche, de pain vous êtes mal pour-
» vue! Lelo est mort, etc. »

L'amour d'un berger se traduit aussi vif que dans Théocrite dans ce refrain limousin que je traduis et dont je voudrais pouvoir exprimer l'air de musette :

Baissez-vous, montagnes, levez-vous, vallons,
Vous m'empêchez de voir ma mie !

Quels sont les airs qui restent populaires? Ceux qui réveillent les plus vifs sentiments d'amour, de liberté, d'indépendance, ou qui reproduisent le mieux le calme du foyer, les occupations simples de la vie; les sentiments nationaux, ceux qui remuent chaque peuple à part; les sentiments intimes assez vrais pour vibrer dans tous les cœurs purs. Voilà vraiment la source de la poésie, et de la musique cette traduction en langue universelle de tous les idiomes connus. Je pourrais citer des Allemands, des Espagnols, des Italiens, des Écossais, de tous les peuples enfin, mais puisque c'est à des Français du xixe siècle que je m'adresse :

Légers fuseaux, filez, de la Dame blanche; *Amour sacré de la patrie,* de la Muette; *Quand l'Helvétie est un champ de supplices,* de Guillaume Tell; le *Choral de Luther,* dans les

Huguenots ; le *chant des Anabaptistes*, dans le Prophète, ne sont-ils pas les airs qui touchent le mieux la fibre générale par l'inspiration? Et, pour en venir à l'action, quel n'a pas été l'effet de la *Marseillaise*, du *Chant du Départ* et de cette lutte gigantesque du chant continuée si vivement par notre Béranger !

Je viens d'exposer en peu de mots ma poétique, et, pour donner mes sources, je dois dire que la tradition m'est venue surtout des hommes de mon temps qui ont fait la révolution de l'idée en même temps que celle de la langue : tout le monde les nomme : le seul auquel je doive rendre un hommage public, puisqu'il n'est plus, quoiqu'il ne m'appartienne pas de le réclamer à la tombe, c'est un ami que je n'ai point connu, un frère en démocratie, Hégésippe Moreau, mort à l'hôpital le 8 décembre 1838. Sa tombe est au cimetière du Montparnasse ; les jeunes gens qui le lisent vont y porter des myosotis. Son cœur, étouffé durant sa vie par la nécessité, n'a jamais pu s'épanouir que dans la poésie. Que chacun de ses vers germe dans les jeunes âmes ! c'est assez pour produire une moisson nouvelle.

Je remercie M. Sainte-Beuve de m'avoir, dans une récente étude littéraire, abrité sous ce nom si pur. Ç'a été la plus douce récompense et le plus vif encouragement que j'aie reçu de ma vie ; à défaut de la solidarité du talent, je revendique celle de la cause. Mes mains, toutes faibles qu'elles soient, ne jetteront pas au vent l'ivoire de la lyre démocratique. Embellissons-la de roses et de bluets si l'on veut, mais n'y laissons point briser la corde sérieuse de l'indignation, et celle qui fait verser des larmes sur le sort de nos proscrits !

Par quelle visible action de la providence ma muse ignorante a-t-elle été conduite par la main au bord même de ce Durteint et de cette Voulzie, ces deux ruisseaux où Hégésippe Moreau avait pleuré? Comment de l'éducation du vieux prêtre, naïve mais un peu vague, ai-je passé à la lecture de ce doux maître de la souffrance qui m'a fait aimer la nature, l'amour et la liberté, choses que vous laisse trop ignorer l'éducation d'autrefois.

Je ne sais, mais depuis les sympathies ne m'ont pas fait défaut : on dirait que l'ombre consolatrice du poëte mort m'a fait trouver ce chemin des cœurs et des oreilles dont il était peu soucieux, ne devant plus périr dans la mémoire des hommes.

Mes chants rustiques ont trouvé des échos et ont ouvert le passage aux refrains sociaux ou politiques : qui donc pourrait m'en accuser ?

Le mouvement de février, que l'on nie aujourd'hui avec la sincérité des Juifs qui demandaient un miracle, n'a-t-il pas été prévu par tout le monde? Mes chants, qui lui sont antérieurs et qui le pressentent, n'ont fait que traduire l'impression laissée dans tous les esprits par le spectacle des événements. Si la chose fut une surprise, comme il est de bon goût de le dire aujourd'hui à la face de l'histoire, comment l'avénement définitif de la démocratie a-t-il pu être prédit par Chateaubriand même, sans parler de Pierre Leroux, Lamennais, Lamartine et Proudhon? Comment le profond et spirituel Balzac, dans un roman daté de mai 1840, met-il dans la bouche de son héros Z. Marcas, un ambitieux conservateur, des prévisions aussi nettes :

« Je ne crois pas que dans dix ans la forme actuelle subsiste. »

« La jeunesse éclatera comme la chaudière d'une machine
» à vapeur... Quel sera le bruit qui ébranlera les masses, je
» ne sais ; mais elles se précipiteront dans l'état de choses
» actuel et le bouleverseront. Il est des lois de fluctuation
» qui régissent les générations, et que l'empire romain avait

» méconnues quand les barbares arrivèrent. Aujourd'hui les
» barbares sont des intelligences... Le gouvernement est le
» grand coupable... En France, la jeunesse est condamnée
» par la légalité nouvelle, par les conditions mauvaises du
» principe électif, etc... »

Je ne finirais pas de citer si je voulais opposer aux hommes d'aujourd'hui les mêmes hommes d'hier, mais la Providence ne tient pas compte de ces revirements, et la logique des faits ne s'arrête pas aux considérations humaines, aux regrets non plus qu'aux illusions des partis.

Louis-Philippe n'est-il point tombé par sa faute? N'a-t-il pas refusé de seconder le mouvement libéral dont Pie IX a donné le signal à son avénement? N'a-t-il pas laissé démembrer la Pologne, malgré la solennelle promesse de ses discours officiels? La chambre des pairs elle-même ne s'émut-elle pas alors à cette déclaration de guerre du despotisme? La prophétie de Napoléon commençait à se réaliser : *cosaque* ou *républicaine*; le czar faisait le premier pas, Février 1848 a été la réponse. J'ai opté pour l'hypothèse *républicaine* contre l'hypothèse *cosaque*, et mes chants dits politiques n'ont pas eu d'autre but que de soutenir l'idée nouvelle contre les efforts des barbares. Nous avons accepté l'héritage de la révolution, c'est à nous de la défendre et de hâter le moment où elle portera ses fruits. Nous n'avons plus d'adversaires que pour la forme; on sait partout que les anciens moules ne vont plus à l'esprit nouveau, que le domaine de l'intelligence s'est agrandi, que les peuples se sont rapprochés, et que les ressources du génie diplomatique sont à bout.

Les uns parlent de restauration, les autres de réconciliation. Hélas! ce ne sont là que des trêves et des palliatifs. Il est du devoir de chacun de se mettre à la besogne et de commencer en lui et autour de lui la réforme qu'on demande au sabre ou à l'opinion ; ce ne sont plus des républicains de la veille ou du lendemain qu'il nous faut, ce sont des hommes libres, sûrs de leur droit, et maîtres de leur destinée.

Je me laisse emporter par le courant général et oublie que la Saône et ses îles de saules ont des murmures plus doux. Je suis loin des rêves rustiques et des inspirations calmes du Ménale et de l'Alphée. Qui nous donnera ces loisirs?

L'ère nouvelle est restaurée, les artistes vrais n'ont pas laissé tomber leurs pinceaux après la crise et n'ont pas grossi le chœur des plaintes hypocrites. Le mouvement industriel s'est agrandi, et une nation qu'on disait égoïste a ouvert le port de la Tamise aux produits du monde entier. Il semble qu'une nouvelle renaissance attende son éclosion. Qu'elle apparaisse pour ne plus s'éteindre, non plus sujette aux caprices des familles princières qui à leur gré protégent les arts ou les abandonnent à l'oubli. Que le XIXe siècle ne rebrousse pas chemin jusqu'à la décadence de l'empire de Rome. Que le dernier de tous constate son égalité par sa virtualité propre et la revendication de son droit; qu'il ne reste pas un ilote dans la République moderne. Artistes, savants, ouvriers, paysans! un homme de ce temps-ci vient d'en faire l'aveu, la politique n'a pas de cœur. Il faut rompre avec ses traditions menteuses, et inaugurer dans le monde, par le travail, la science et l'amour, le règne de la vérité.

Paris, 20 Juillet 1851.

PIERRE DUPONT.

LES BŒUFS.

LES BOEUFS.

1845.

J'ai deux grands bœufs dans mon étable,
Deux grands bœufs blancs marqués de roux :
La charrue est en bois d'érable,
L'aiguillon en branche de houx ;
C'est par leurs soins qu'on voit la plaine
Verte l'hiver, jaune l'été ;
Ils gagnent dans une semaine
Plus d'argent qu'ils n'en ont coûté

S'il me fallait les vendre,
J'aimerais mieux me pendre ;
J'aime Jeanne ma femme : Eh ! bien, j'aimerais mieux
La voir mourir, que voir mourir mes bœufs.

Les voyez-vous les belles bêtes,
Creuser profond et tracer droit,
Bravant la pluie et les tempêtes
Qu'il fasse chaud, qu'il fasse froid.
Lorsque je fais halte pour boire,
Un brouillard sort de leurs naseaux,
Et je vois sur leur corne noire,
Se poser les petits oiseaux.

S'il me fallait les vendre,
J'aimerais mieux me pendre ;
J'aime Jeanne ma femme : Eh ! bien, j'aimerais mieux
La voir mourir, que voir mourir mes bœufs.

CHANSONS DE PIERRE DUPONT.

Ils sont forts comme un pressoir d'huile,
Ils sont doux comme des moutons.
Tous les ans on vient de la ville
Les marchander dans nos cantons
Pour les mener aux Tuileries,
Au Mardi-Gras devant le Roi
Et puis les vendre aux boucheries ;
Je ne veux pas, ils sont à moi.

    S'il me fallait les vendre,
    J'aimerais mieux me pendre ;
J'aime Jeanne ma femme : Eh ! bien, j'aimerais mieux
La voir mourir, que voir mourir mes bœufs.

Quand notre fille sera grande,
Si le fils de notre Régent
En mariage la demande,
Je lui promets tout mon argent ;
Mais si pour dot il veut qu'on donne
Les grands bœufs blancs marqués de roux ;
Ma fille, laissons la couronne
Et ramenons les bœufs chez nous.

    S'il me fallait les vendre,
    J'aimerais mieux me pendre ;
J'aime Jeanne ma femme : Eh ! bien, j'aimerais mieux
La voir mourir, que voir mourir mes bœufs.

LES BŒUFS.

A M. ANDRÉ HOFFMAN.

Paris.— Impr. Bénard et Ce, rue Damiette, 2.

LE CHANT DES OUVRIERS.

LE CHANT DES OUVRIERS

1846.

Nous dont la lampe, le matin,
Au clairon du coq se rallume,
Nous tous qu'un salaire incertain
Ramène avant l'aube à l'enclume,
Nous qui des bras, des pieds, des mains,
De tout le corps luttons sans cesse,
Sans abriter nos lendemains
Contre le froid de la vieillesse,

Aimons-nous, et quand nous pouvons
Nous unir pour boire à la ronde,
Que le canon se taise ou gronde,
   Buvons,
A l'indépendance du monde !

Nos bras, sans relâche tendus,
Aux flots jaloux, au sol avare,
Ravissent leurs trésors perdus,
Ce qui nourrit et ce qui pare :
Perles, diamants et métaux,
Fruit du coteau, grain de la plaine ;
Pauvres moutons, quels bons manteaux
Il se tisse avec notre laine !

Aimons-nous, et quand nous pouvons
Nous unir pour boire à la ronde,
Que le canon se taise ou gronde,
   Buvons,
A l'indépendance du monde !

Quel fruit tirons-nous des labeurs
Qui courbent nos maigres échines ?
Où vont les flots de nos sueurs ?
Nous ne sommes que des machines.
Nos Babels montent jusqu'au ciel,
La terre nous doit ses merveilles :
Dès qu'elles ont fini le miel,
Le maître chasse les abeilles.

Aimons-nous, et quand nous pouvons
Nous unir pour boire à la ronde,
Que le canon se taise ou gronde,
   Buvons,
A l'indépendance du monde !

Au fils chétif d'un étranger
Nos femmes tendent leurs mamelles,
Et lui, plus tard, croit déroger
En daignant s'asseoir auprès d'elles ;
De nos jours, le droit du seigneur
Pèse sur nous plus despotique :
Nos filles vendent leur honneur
Aux derniers courtauds de boutique.

Aimons-nous, et quand nous pouvons
Nous unir pour boire à la ronde,
Que le canon se taise ou gronde,
   Buvons,
A l'indépendance du monde !

Mal vêtus, logés dans des trous,
Sous les combles, dans les décombres
Nous vivons avec les hiboux
Et les larrons amis des ombres ;

DE PIERRE DUPONT.

Cependant notre sang vermeil
Coule impétueux dans nos veines ;
Nous nous plairions au grand soleil,
Et sous les rameaux verts des chênes.

Aimons-nous, et quand nous pouvons
Nous unir pour boire à la ronde,
Que le canon se taise ou gronde,
   Buvons,
A l'indépendance du monde !

A chaque fois que par torrents
Notre sang coule sur le monde,
C'est toujours pour quelques tyrans
Que cette rosée est féconde ;
Ménageons-le dorénavant,
L'amour est plus fort que la guerre ;
En attendant qu'un meilleur vent
Souffle du ciel ou de la terre.

Aimons-nous, et quand nous pouvons
Nous unir pour boire à la ronde,
Que le canon se taise ou gronde,
   Buvons,
A l'indépendance du monde !

BELZÉBUT.

BELZÉBUT.

1846.

Un pèlerin de vingt ans, beau, mais triste,
Le front baissé, le bâton à la main,
Marchait dans l'or, la pourpre et l'améthyste,
Dont le couchant inondait le chemin ;
Il méditait sur l'humaine souffrance
Dont son cœur jeune avait connu le poids :
Et de sa plainte ou de son espérance
L'écho lassé murmurait dans le bois :

   Le monde subit la torture
     Du pouvoir infernal,
  Le bien est l'esclave du mal ;
Et cependant la clémente nature
Parle d'amour à toute créature
    De la montagne au fond du val.

Sur un cheval aux prunelles sanglantes,
Noir, et brillant d'écarlate et d'or pur,
Un homme passe aux mains étincelantes,
Au manteau sombre, au regard fauve et sûr :
Comme un torrent se creuse une ravine,
Un grand chagrin a sillonné son front :
« Allons, » dit-il au piéton qui chemine,
« Viens avec moi, monte en croupe et sois prompt ! »

   Le monde subit la torture
     Du pouvoir infernal,
  Le bien est l'esclave du mal ;
Et cependant la clémente nature
Parle d'amour à toute créature
    De la montagne au fond du val.

Le beau rêveur enfourche la monture.
A demi-mort, sans parler, sans rien voir ;
Et les voilà partis à l'aventure,
L'éperon d'or déchirant le flanc noir.
En un clin-d'œil, d'un seul bond, d'une haleine,
Ils sont tous trois sur un sommet altier,
Auprès de qui la terre est une plaine,
Il y verdoie en tout temps un pommier.

 Le monde subit la torture
  Du pouvoir infernal,
 Le bien est l'esclave du mal ;
Et cependant la clémente nature
Parle d'amour à toute créature
  De la montagne au fond du val.

« Mange du fruit, » dit l'homme au front superbe.
En attachant son cheval aux rameaux ;
« Il est vermeil, mais n'est-il point acerbe ?
« C'est d'un pommier que viennent tous nos maux. »
Le cavalier siffla dans ses dents blanches,
Et d'un long rire effraya la hauteur ;
Un vieux serpent fit sonner dans les branches
Sa froide écaille, et l'enfant eut grand peur.

 Le monde subit la torture
  Du pouvoir infernal,
 Le bien est l'esclave du mal ;
Et cependant la clémente nature
Parle d'amour à toute créature
  De la montagne au fond du val.

« As-tu donc peur, » dit une voix terrible,
« De Belzébut, de l'ange foudroyé,
« Du vieux pommier, du serpent de la bible ;
« C'est d'un enfant d'en paraître effrayé !

DE PIERRE DUPONT.

« Pour posséder ici-bas la puissance,
« Pour être un homme, il faut avoir touché
« Au fruit amer de l'arbre de science :
« Depuis Adam l'on y mord sans péché.

« Vois à tes pieds que chaque orgueil s'isole,
« Leur petit globe est tout bariolé.
« Chacun vit clos dans sa triste alvéole.
« Comptant son or et les grains de son blé :
« Veux-tu leur sang et la fleur de leur race :
« Fais avec moi qu'ils restent divisés !
« Tous les plaisirs te suivront à la trace.
« Prends un tronçon des vieux sceptres brisés ! »

   Le monde subit la torture
      Du pouvoir infernal,
   Le bien est l'esclave du mal ;
Et cependant la clémente nature
Parle d'amour à toute créature
     De la montagne au fond du val.

« Je ne crois pas que vous teniez le monde, »
Reprit l'enfant d'un son de voix fort doux,
Et de sa main traçant la mappemonde,
Il écrivit sur le pôle : Aimez-vous !
Le cheval noir devint un blanc squelette,
Le vieux pommier croula sous un éclair.
De Belzébut la grande silhouette
En long serpent s'évanouit dans l'air.

   Le monde échappe à la torture
      Du pouvoir infernal,
   Le bien a terrassé le mal ;
Et de son sein la clémente nature
Épand l'amour sur toute créature
     De la montagne au fond du val.

LA BLONDE.

LA BLONDE.

Rêvez un frêle paysage
De bruyères et de bouleaux,
Dont flotte au vent le blanc feuillage,
Comme l'écume sur les flots ;
Et sous cette ombre échevelée,
Rêvez, plus gracieuse encor
Que les bouleaux de la vallée,
La vierge aux longues tresses d'or.

Jour et nuit, blanche et blonde, elle erre,
Ses yeux bleus se noyant de pleurs,
Fille du ciel et de la terre,
Sœur des étoiles et des fleurs.

Sur son passage tout l'admire
Et tout la chante d'une voix ;
Brisons la guitare et la lyre,
Ses musiciens sont les bois ;
La bête sort de sa tanière,
L'oiseau, de son nid, pour la voir ;
L'étang, la source et la rivière,
Lui présentent leur bleu miroir.

Jour et nuit, blanche et blonde, elle erre,
Ses yeux bleus se noyant de pleurs,
Fille du ciel et de la terre,
Sœur des étoiles et des fleurs.

CHANSONS DE PIERRE DUPONT.

On dit qu'avec les astres même,
La nuit, elle a de longs discours ;
Un autre vous dira qu'elle aime,
Sans rien conter de ses amours.
Ah ! ce n'est point sous vos ombrages,
Bouleaux, sapins, genévriers,
Que nichent ses amours sauvages :
Son cœur est loin de nos sentiers.

Jour et nuit, blanche et blonde, elle erre
Ses yeux bleus se noyant de pleurs,
Fille du ciel et de la terre,
Sœur des étoiles et des fleurs.

Elle aime sous l'ombre mystique
Des palmiers d'or qui sont au ciel,
Et sa vie est un long cantique
Qui fuit loin du monde réel.
Ange, vous êtes une femme,
Le ciel est peut-être à vos pieds ;
Choisissez entre mille une âme
Qui vous aime et que vous aimiez !

Jour et nuit, blanche et blonde, elle erre,
Ses yeux bleus se noyant de pleurs,
Fille du ciel et de la terre,
Sœur des étoiles et des fleurs.

LA BLONDE.

Paris. — Impr. Bénard et Cⁱᵉ, rue Damiette, 2.

LE CHANT DES TRANSPORTÉS.

LE CHANT DES TRANSPORTÉS
1849.

Pendant que sous la mer profonde
Les cachalots et le requin,
Ces écumeurs géants de l'onde,
Libres, dévorent le fretin,
Nous autres, cloués à la rive
Où la bourrasque a rejeté
Notre barque un instant rétive,
Nous pleurons notre liberté.

Et cependant, ô sainte République,
Quoique aujourd'hui de ton pain noir nourri,
Chacun de nous pour ta gloire eût péri
  Et mourrait encor sans réplique :
  Nous le jurons par l'Atlantique,
  Par nos fers et par Saint-Merry.

Les goëlands à l'aile grise,
Les hirondelles de la mer,
A leurs petits, aux jours de brise,
Apprennent le chemin de l'air ;
Nos enfants ont perdu leur guide,
Peut-être n'ont-ils plus d'abri,
Et la mère à leur bouche avide
Ne présente qu'un sein tari.

Et cependant, ô sainte République,
Quoique aujourd'hui de ton pain noir nourri,
Chacun de nous pour ta gloire eût péri
  Et mourrait encor sans réplique ;
  Nous le jurons par l'Atlantique,
  Par nos fers et par Saint-Merry.

Sous les yeux du fort, sur la grève
Quand nous errons le long du jour,
Nous berçant dans quelque doux rêve
Ou de République ou d'amour,
La vague des plages lointaines,
Apporte à notre sombre écueil
Râles de morts et bruits de chaînes ;
La démocratie est en deuil !

Et cependant, ô sainte République,
Quoique aujourd'hui de ton pain noir nourri,
Chacun de nous pour ta gloire eût péri
Et mourrait encor sans réplique ;
Nous le jurons par l'Atlantique,
Par nos fers et par Saint-Merry.

Glaive rouge de la Hongrie,
Quel gant de fer t'aurait brisé ?
Un homme, traître à sa patrie,
Aux pieds du czar l'a déposé ;
Au sultan demandez asile,
Kossuth et Bem au bras puissant :
Georgey, dans sa villa tranquille,
Boit et mange le prix du sang.

Et cependant, ô sainte République,
Quoique aujourd'hui de ton pain noir nourri,
Chacun de nous pour ta gloire eût péri
Et mourrait encor sans réplique ;
Nous le jurons par l'Atlantique,
Par nos fers et par Saint-Merry.

Les obus ont forcé Venise,
Le sage Manin est banni ;
Pardonnez-nous Rome soumise,
O Garibaldi, Mazzini !

DE PIERRE DUPONT.

   Quand Jésus a dit à saint Pierre :
   L'épée au fourreau doit dormir,
   Pourquoi voyons-nous son vicaire
   Et ses cardinaux la rougir ?

Et cependant, ô sainte République,
Quoique aujourd'hui de ton pain noir nourri,
Chacun de nous pour ta gloire eût péri
   Et mourrait encor sans réplique ;
   Nous le jurons par l'Atlantique,
   Par nos fers et par Saint-Merry.

   Il nous vient du pays de Bade,
   De Doullens ou de Saint-Michel,
   Tantôt des bruits de fusillade,
   Tantôt des plaintes vers le ciel.
   Chez le Turc et sur la Tamise
   On cherche l'hospitalité ;
   Où donc est la terre promise,
   Dieu d'amour et de liberté ?

Et cependant, ô sainte République,
Quoique aujourd'hui de ton pain noir nourri,
Chacun de nous pour ta gloire eût péri
   Et mourrait encor sans réplique ;
   Nous le jurons par l'Atlantique,
   Par nos fers et par Saint-Merry.

LES LOUIS D'OR.

LES LOUIS D'OR.

Un soir le long de la rivière,
Sous l'ombre des noirs peupliers,
Près du moulin de la meunière,
Passait un homme de six pieds ;
Il avait la moustache grise,
Le chapeau rond, le manteau bleu ;
Dans ses cheveux soufflait la bise,
C'était le diable ou le bon Dieu.
Sa voix qui sonnait comme un cuivre
Et qui rendait le son du cor,
Me dit : « Au bois il faut me suivre,
« Je te promets cent louis d'or ! »

Je le suivis sans résistance,
Par son œil rouge ensorcelé ;
Il m'aurait montré la potence,
Que je n'aurais pas reculé ;
Il marchait plus vite qu'un lièvre
Et n'avait pas l'air de courir ;
La frayeur me donnait la fièvre,
Je croyais que j'allais mourir.
Mais lui, pour me faire revivre,
Disait, rendant le son du cor :
« Au fond du bois il faut me suivre,
« Je te promets cent louis d'or ! »

CHANTS ET CHANSONS.

Au fond du bois nous arrivâmes ;
Il faisait nuit, les arbres verts
Jetaient dans l'air de vertes flammes.
Je crus entrer dans les enfers :
Je vois un éclair effroyable
Défigurer mon inconnu :
Holà ! je reconnais le diable
A sa queue, à son front cornu ;
Il me fait voir ouvert un livre
Où rien n'était écrit encor,
Et me dit de sa voix de cuivre :
« Veux-tu gagner cent louis d'or ! »

Jure ton sang, jure ton âme,
Jure le diable et jure Dieu,
Que tu n'épouseras pas femme
Ni du hameau, ni d'autre lieu.
Au moins avant la quarantaine,
Et qu'on te verra tous les jours
Courir de fredaine en fredaine,
Sans te fixer dans tes amours.
Quand sa griffe eut rougi le livre,
Sa voix résonna comme un cor ;
Il me dit : « Signe et je te livre
« En or sonnant, cent louis d'or ! »

Au lieu de signer sur la page
Où le diable avait mis ses doigts,
Je songeai qu'il était plus sage
De faire un grand signe de croix.
Le diable partit en fumée,
Et je fus transporté soudain

DE PIERRE DUPONT.

Chez ma meunière bien aimée
Dans une chambre du moulin.
Elle disait : Tiens, je te livre
Mon cœur, mon moulin, mon trésor..
Elle avait en gros sous de cuivre,
La belle avait cent louis d'or !

LES LOUIS D'OR.

LA FILLE DU PEUPLE.

LA FILLE DU PEUPLE.

1846.

Sous les haillons et sous la bure,
Qui n'a vu sourire une fois,
Entre dix mille, une figure
Plus fraîche que l'eau dans les bois !
Qui n'a, sur le croûlant abîme
De l'infamie et des douleurs,
Surpris dansante une victime
Plus délicate que les fleurs !

Oiseau sans nid, fleur sans racine,
Cœur aimant qui cherchez un cœur,
Racontez-moi votre origine :
N'êtes-vous pas aussi ma sœur ?

Enfant de Dieu, qu'elle est souffrante !
La pauvreté meurtrit sa chair,
Qui, de limpide et transparente,
Devient rude et noircit à l'air :
Des cités aux champs la poussière,
La fange, les chardons sanglants,
Et tous les venins de la terre
Mordent et rongent ses pieds blancs.

Oiseau sans nid, fleur sans racine,
Cœur aimant qui cherchez un cœur,
Racontez-moi votre origine :
N'êtes-vous pas aussi ma sœur ?

Hélas ! quand sa beauté résiste
Aux outrages intérieurs,
Son printemps n'en est pas moins triste,
Ses matins n'en sont pas meilleurs.
Que de vipères et d'embûches
S'entrecroisent à ses talons !
Autour du trésor de ses ruches,
Quel bourdonnement de frelons !

Oiseau sans nid, fleur sans racine,
Cœur aimant qui cherchez un cœur,
Racontez-moi votre origine :
N'êtes-vous pas aussi ma sœur ?

Qu'une invincible sentinelle
Veille au seuil de votre réduit !
Usez plutôt votre prunelle
Aux lueurs des lampes de nuit ;
Trempez de sueurs et de larmes
Votre pain noir de tous les jours,
Plutôt que de livrer sans armes
Vos amours aux frêles vautours.

Oiseau sans nid, fleur sans racine,
Cœur aimant qui cherchez un cœur,
Racontez-moi votre origine :
N'êtes-vous pas aussi ma sœur ?

Celle de qui l'âme se donne
Pour des bijoux et pour de l'or,
Se prépare un brumeux automne,
Un hiver plus sinistre encor !
Le jour où sa beauté s'envole
Avec l'essaim des jouvenceaux,
La voyez-vous, la pauvre folle !
Grossir de pleurs l'eau des ruisseaux.

Oiseau sans nid, fleur sans racine,
Cœur aimant qui cherchez un cœur,
Racontez-moi votre origine :
N'êtes-vous pas aussi ma sœur?

Mais l'héroïne qui se garde
De tout injuste ravisseur
Est sacrée, et Dieu la regarde
Avec des yeux pleins de douceur.
Un souffle emporte Geneviève
A la rencontre d'Attila :
Jeanne la Pucelle se lève ;
Saxons et Normands, halte-là !

Oiseau sans nid, fleur sans racine,
Cœur aimant qui cherchez un cœur,
Racontez-moi votre origine :
N'êtes-vous pas aussi ma sœur?

Fille du peuple, sœur aimée,
Qui veillez à tous les grabats ;
Qui, dans le sang et la fumée,
Arrachez leur proie aux combats ;
Que votre joyeux règne advienne,
Qu'on brise les fers à vos pieds,
Et que l'on vous couronne reine
Avec du myrte et des rosiers !

Oiseau sans nid, fleur sans racine,
Cœur aimant qui cherchez un cœur,
Racontez-moi votre origine :
N'êtes-vous pas aussi ma sœur?

LA FILLE DU PEUPLE.

1852.

1852.

Juillet 1850.

C'est dans deux ans, deux ans à peine
Que le coq gaulois chantera ;
Tendez l'oreille vers la plaine,
Entendez-vous ce qu'il dira ?
Il dit aux enfants de la terre
Qui sont courbés sous leur fardeau :
Voici la fin de la misère,
Mangeurs de pain noir, buveurs d'eau.

Des monts sacrés où la lumière
Forge ses éclairs et ses feux,
Viens en déployant ta bannière
 Dix-huit cent cinquante-deux !

Du peuple enfin voici le règne,
Tout autre prétendant n'est rien,
A moins toutefois qu'il ne daigne
Se dire un simple citoyen.
Est-il une place plus haute,
Un plus grand honneur sous le ciel
Que d'être accueilli comme un hôte
A ce banquet universel !

Des monts sacrés où la lumière
Forge ses éclairs et ses feux,
Viens, en déployant ta bannière,
 Dix-huit cent cinquante-deux !

Des Bourbons la double famille
En France ne réussit plus ;
Qu'un instant leur fortune brille,
Ce n'est que flux et que reflux.
Sur son rocher de Sainte-Hélène
Napoléon s'est vu briser ;
Maître de la puissance humaine,
Charles Quint sut la déposer.

Des monts sacrés où la lumière
Forge ses éclairs et ses feux,
Viens en déployant ta bannière,
    Dix-huit cent cinquante-deux !

O rois ! votre pourpre est fanée,
Ne la teignez pas dans le sang ;
Ne disputez pas une année
Au progrès toujours grandissant.
L'idée est aujourd'hui rapide
Plus que les chevaux et les cerfs ;
Elle dépasse qui la guide,
Elle broîra tous nos vieux fers.

Des monts sacrés où la lumière
Forge ses éclairs et ses feux,
Viens en déployant ta bannière,
    Dix-huit cent cinquante-deux !

La République jusqu'à Vienne
Et jusqu'à Rome a pris son vol ;
Il faudra bien qu'elle y revienne,
Elle a son germe dans le sol.
D'ailleurs de Paris elle guette
L'Europe, les rois et les cours,
Comme on voit pendant la tempête
La foudre menacer les tours.

Des monts sacrés où la lumière
Forge ses éclairs et ses feux,
Viens, en déployant ta bannière,
    Dix-huit cent cinquante-deux !

Rois, faites-vous tirer les cartes,
Assis au coin de votre feu.
Fortune, faut-il que tu partes !
Tous les piques sont dans le jeu.
Encore ce valet de pique !
Paris vous envoie un courrier ;
Son message est la République :
Faites brûler vif le sorcier.

Des monts sacrés où la lumière
Forge ses éclairs et ses feux,
Viens, en déployant ta bannière,
  Dix-huit cent cinquante-deux !

C'est donc un bandeau symbolique
Dont le temps a couvert vos yeux,
Qu'il dérobe la République
A vos regards insoucieux ?
Votre grandeur fut un nuage ;
Vos sceptres, désormais ternis,
Seront des bâtons de voyage.
Allez, rois, vous êtes bannis !

Des monts sacrés où la lumière
Forge ses éclairs et ses feux,
Viens, en déployant ta bannière,
  Dix-huit cent cinquante-deux !

Faudra-t-il que vos doigts débiles,
Réduits aux vils expédients,
Usent nos dernières sébiles ?
Nous n'aurons plus de mendiants !
Bon vieillard, mettez-vous à table,
Mangez, faites-nous la leçon ;
Buvez, contez-nous une fable,
Ou chantez-nous une chanson.

Des monts sacrés où la lumière
Forge ses éclairs et ses feux,
Viens, en déployant ta bannière,
  Dix-huit cent cinquante-deux !

LE CHIEN DE BERGER.

LE CHIEN DE BERGER.

J'aime mon chien, un bon gardien,
Qui mange peu, travaille bien,
Plus fin que le garde champêtre;
Quand mes moutons je mène paître,
Du loup je ne redoute rien,
Avec mon chien, mon bon gardien,
    Finaud, mon chien!

Toujours crotté, sans goût ni grâce,
Finaud n'est pas trop déplaisant,
Il a la queue en cor de chasse,
Les yeux brillants du ver luisant;
Ses crocs sont prêts, son poil de chèvre
Se dresse dru comme des clous,
Dès qu'il sent la trace du lièvre,
Dès qu'il sent la trace des loups.

J'aime mon chien, un bon gardien,
Qui mange peu, travaille bien,
Plus fin que le garde champêtre;
Quand mes moutons je mène paître,
Du loup je ne redoute rien,
Avec mon chien, mon bon gardien,
    Finaud, mon chien!

Il entend la brebis qui bêle,
Au loin il court la rallier;
Il joue avec la blanche agnèle,
Il lutte avec le vieux bélier;

Quand je siffle ou quand je fais signe,
Il se donne du mouvement,
Comme un sergent qui range en ligne
Les conscrits de son régiment.

J'aime mon chien, un bon gardien,
Qui mange peu, travaille bien,
Plus fin que le garde champêtre;
Quand mes moutons je mène paître,
Du loup je ne redoute rien,
Avec mon chien, mon bon gardien,
   Finaud, mon chien!

Depuis dix ans à mon service,
Finaud est bon, il est très-bon;
Je ne lui connais pas de vice,
Il ne prend ni lard ni jambon;
Il ne touche pas au fromage,
Non plus qu'au lait de mes brebis;
Il ne dépense à mon ménage
Que de l'eau claire et du pain bis.

J'aime mon chien, un bon gardien,
Qui mange peu, travaille bien,
Plus fin que le garde champêtre;
Quand mes moutons je mène paître,
Du loup je ne redoute rien,
Avec mon chien, mon bon gardien,
   Finaud, mon chien!

Un jour, près d'une fondrière,
Jeanne, en conduisant son troupeau,
Dégringola dans la rivière;
Finaud la repêcha dans l'eau.

Et moi j'aurai la récompense,
Jeanne me prend pour épouseur.
C'est tout de même vrai, j'y pense,
Que les chiens n'ont pas de bonheur!

J'aime mon chien, un bon gardien,
Qui mange peu, travaille bien,
Plus fin que le garde champêtre;
Quand mes moutons je mène paître,
Du loup je ne redoute rien,
Avec mon chien, mon bon gardien,
    Finaud, mon chien!

LE CHIEN DE BERGER.

Paris. — Imprimerie de L. MARTINET, rue Mignon, 2.

LES FERS A CHEVAL.

LES FERS A CHEVAL.

L'horloge au plus prochain nuage
Envoyait les coups de minuit,
Car tout dormait dans le village,
Hors la bête et l'oiseau de nuit ;
Un bruit sourd traverse l'espace,
Puis un homme rouge, à cheval,
Court droit à la fenêtre basse
De la maison du maréchal.

  Ohé bonhomme,
Demain s'achèvera ton somme,
Saute du lit bon gré mal gré,
Mon cheval blanc est déferré.

Entends-tu? la maison s'ébranle,
Dit la femme, en le réveillant,
A l'homme qui court au chambranle,
Et l'ouvre à grand'peine en bâillant.
Vite, du charbon à la forge !
Dit le nocturne cavalier,
Ou mon ongle imprime à ta gorge
L'empreinte d'un rouge collier.

  Ohé bonhomme,
Demain s'achèvera ton somme ;
Il faut forger bon gré mal gré,
Mon cheval blanc est déferré.

Sous le soufflet la forge éclate,
Comme un soupirail de l'enfer,
Et dans la fournaise écarlate
Le forgeron plonge son fer.
Ce n'est pas du fer qu'on attache
Au sabot de mon blanc coursier,
Dit l'hôte en frisant sa moustache,
Ni de l'argent, ni de l'acier.

    Ohé bonhomme,
Demain s'achèvera ton somme;
Il faut forger bon gré mal gré,
Mon cheval blanc est déferré.

C'est de l'or qu'il vous faut, mon maître?
Dit l'artisan mort de frayeur;
Car dans l'ombre il voyait paraître
Les lourds tromblons de monseigneur.
Hélas! je ne suis point orfèvre,
Et ne vends point de ce métal.
Monseigneur se pinça la lèvre
D'un air inquisitorial.

    Ohé bonhomme,
Demain s'achèvera ton somme;
Il faut forger bon gré mal gré,
Mon cheval blanc est déferré.

N'as-tu pas d'un vieil héritage
Conservé trente louis d'or?
Et vos bijoux de mariage,
Ne les gardez-vous pas encor?
Le malheureux crut voir le diable
Sous le masque du cavalier.
Et comme on sèmerait du sable,
Jeta son or dans le brasier.

Ohé bonhomme,
Demain s'achèvera ton somme :
Il faut forger bon gré mal gré,
Mon cheval blanc est déferré.

Sitôt la besogne finie,
L'homme rouge monte à cheval,
Et riposte par l'ironie
Aux prières du maréchal.
Tu veux le prix de ta ferrure?
Entends sonner sur le pavé
Les sabots d'or de ma monture,
Et dis si tu n'as point rêvé.

Adieu bonhomme,
Jusqu'à l'aube reprends ton somme ;
On n'arrête pas à son gré
Un cheval blanc si bien ferré.

Le forgeron bondit sur place,
Brandit ses marteaux dans les airs ;
Il a, pour découvrir leur trace,
D'un pied de loup marqué les fers ;
Il veut ameuter une troupe
Et chasser l'homme rouge aux bois :
« S'il avait mis ta femme en croupe,
» Que ferais-tu ? » dit une voix.

Allons, mon homme,
Il faut achever notre somme :
On n'arrête pas à son gré
Un cheval blanc si bien ferré.

LES FERS A CHEVAL.

Paris. — Imprimerie de L. MARTINET, rue Mignon, 2.

LE CHANT DES SOLDATS.

LE CHANT DES SOLDATS.

1848.

Toute l'Europe est sous les armes,
C'est le dernier râle des rois :
Soldats, ne soyons point gendarmes,
Soutenons le peuple et ses droits.
Les Républiques nos voisines
De la France invoquent le nom ;
Que les Alpes soient des collines
Pour les chevaux et le canon.

Aux armes, courons aux frontières !
Qu'on mette au bout de nos fusils
Les oppresseurs de tous pays,
Les poitrines des Radetzkis !
Les peuples sont pour nous des frères,
Et les tyrans des ennemis.

Pour le soldat la palme est douce,
Quand le combat fut glorieux ;
De Transnonain, de la Croix-Rousse,
Les cyprès nous sont odieux.
Quoi ! pousser à la boucherie
Des frères comme des taureaux !
C'est faire pleurer la Patrie,
Et c'est avilir des héros.

Aux armes, courons aux frontières !
Qu'on mette au bout de nos fusils
Les oppresseurs de tous pays,
Les poitrines des Radetzkis !
Les peuples sont pour nous des frères,
Et les tyrans des ennemis.

Sous le joug de la politique
Que d'affronts tout bas dévorés !
Nous pensions que la République
Nous aurait enfin délivrés.
Peuple ! avec toi nous l'avions faite :
Te souvient-il de Février ?
Ce ne fut point une défaite,
Nous t'avions cédé le laurier.

Aux armes, courons aux frontières !
Qu'on mette au bout de nos fusils,
Les oppresseurs de tous pays,
Les poitrines des Radetzkis !
Les peuples sont pour nous des frères,
Et les tyrans des ennemis.

Nous savons ce que nous prépare
Le tigre couronné du Nord ;
De carnage il n'est point avare,
Il tue un peuple quand il mord.
L'ordre qui règne à Varsovie,
Dans tout le Midi révolté,
Menace d'étouffer la vie
Et les germes de liberté.

Aux armes, courons aux frontières !
Qu'on mette au bout de nos fusils
Les oppresseurs de tous pays,
Les poitrines des Radetzkis !
Les peuples sont pour nous des frères,
Et les tyrans des ennemis.

De Pesth à Rome les étapes
Seraient des bûchers de martyrs ;
Les Cosaques, hideux satrapes,
Assouviraient tous leurs désirs,
Sur l'or, sur le vin, sur les femmes ;
Dans l'orgie et dans les débris,
A travers le sang et les flammes,
Ils viendraient au cœur de Paris.

Aux armes, courons aux frontières !
Qu'on mette au bout de nos fusils
Les oppresseurs de tous pays,
Les poitrines des Radetzkis !
Les peuples sont pour nous des frères,
Et les tyrans des ennemis.

Soldats, arrêtons cette horde !
Elle menace d'envahir,
Danube de sang qui déborde,
Tout le passé, tout l'avenir.
Canons, de vos gueules béantes
Refoulez la marche du Czar.
Baïonnettes intelligentes,
Formons à l'idée un rempart.

Aux armes, courons aux frontières !
Qu'on mette au bout de nos fusils
Les oppresseurs de tous pays,
Les poitrines des Radetzkis !
Les peuples sont pour nous des frères,
Et les tyrans des ennemis.

Que la République française
Entraîne encor ses bataillons,
Au refrain de la Marseillaise,
A travers de rouges sillons.
Que la victoire de son aile
Touche nos fronts, et, cette fois,
La République universelle
Aura balayé tous les rois.

Aux armes, courons aux frontières !
Qu'on mette au bout de nos fusils
Les oppresseurs de tous pays,
Les poitrines des Radetzkis !
Les peuples sont pour nous des frères,
Et les tyrans des ennemis.

BON ÂNE

MON ANE.

L'autre jour à cheval sur l'âne,
La tête en l'air, je m'en allais
Quérir des navets pour ma Jeanne,
Serrant la bête des mollets ;
Fleurissait au bord de la route,
Plein de piquants, un gras chardon ;
Mon âne l'avise et le broute,
Mâchant l'herbe avec le bridon.

 Hue donc, mon âne,
Si je baguenaude en chemin,
Mornifflette ! il fera vilain ;
 Au retour, dame Jeanne
 Me garde un revers de main.

Vient à passer fleur de bourrique,
A longue oreille, à l'œil bleu-noir ;
L'âne brait, d'honneur il se pique,
Il est tout aise de la voir.
Sur ses deux jambes de derrière,
En renâclant, il se tient droit :
J'étais bien près de baiser terre,
Il s'en fallait juste d'un doigt.

 Hue donc, mon âne,
Si je baguenaude en chemin,
Mornifflette ! il fera vilain ;
 Au retour dame Jeanne
 Me garde un revers de main.

Après, lui prend une fringale ;
L'âne sentimentalement
Les quatre fers en l'air s'étale
Avec musique et tremblement.
Je criais entre l'âne et terre,
Comme quand on saigne un pourceau ;
Quand on m'a pêché dans l'ornière,
Je buvais à même au ruisseau.

  Hue donc, mon âne,
Si je baguenaude en chemin,
Mornifflette ! il fera vilain ;
  Au retour, dame Jeanne
 Me garde un revers de main.

Enfin j'arrive à la verdure,
De navets j'arrache un arpent,
J'en charge à crever ma monture,
Nous revenons clopin-clopant,
L'âne en chemin, tournant la tête,
Du bout des dents mord au navet :
Un bouchon de houx nous arrête
A la porte du cabaret.

  Hue donc, mon âne,
Si je baguenaude en chemin,
Mornifflette ! il fera vilain ;
  Au retour, dame Jeanne
 Me garde un revers de main.

Je bois, laissant l'autre à la porte,
Quelques brocs avec les amis,
Tant que sur l'âne on me rapporte
A moitié saoul, à moitié gris.

Au retour, jugez la surprise,
Plus de navets dans le panier !
Jeanne d'un soufflet me dégrise :
Il en cuit de se marier.

  Hue donc, mon âne,
Si je baguenaude en chemin,
Mornifflette ! il fera vilain ;
 Au retour, dame Jeanne
 Me garde un revers de main.

Si l'on sait dans le voisinage
Que ma Jeanne m'a soufflété,
Au mardi gras, c'est un usage,
Sur l'âne je serai monté,
Lié d'une corde solide,
Coiffé de deux cornes au front ;
Tenant la queue au lieu de bride,
Et tous les enfants nous suivront !

  Hue donc, mon âne,
Si je baguenaude en chemin,
Mornifflette ! il fera vilain ;
 Au retour, dame Jeanne
 Me garde un revers de main.

LA CHATAINE.

LA CHATAINE.

1847.

Reine de France et de Navarre,
D'Europe et de tous les pays,
Ma châtaine est un oiseau rare
Qui niche surtout à Paris.
On la connaît de par le monde
Pour les flèches de ses doux yeux;
On la dit brune, on la dit blonde,
Moi je la place entre les deux.

Elle est changeante, ma châtaine,
Comme les reflets du lézard,
Et le charme de son regard
Est un filet qui vous enchaîne.

Est-il une taille mieux prise,
Un pied fluet plus doux à voir,
Une forme plus indécise
Sous les dentelles du peignoir ?
Qu'un amoureux transi soupire
Et s'égare en vœux imprudents,
Son musical éclat de rire
Dans leur écrin montre ses dents.

Elle est changeante, ma châtaine,
Comme les reflets du lézard,
Et le charme de son regard
Est un filet qui vous enchaîne.

A la valse elle est Allemande,
Russe à la danse, Anglaise au sport;
A ses yeux chinois en amande,
En Espagnole, aime à la mort;
Elle chante à l'italienne;
Elle est almée en son boudoir,
Au bain, c'est une Athénienne;
Une Française à son miroir.

Elle est changeante, ma châtaine,
Comme les reflets du lézard,
Et le charme de son regard
Est un filet qui vous enchaîne.

Oh! qu'elle est bien la fille d'Ève
Qui flatte et trompe le désir;
C'est la réalité du rêve,
Pourtant nul ne peut la saisir.
A cheval, jouteur intrépide!
Poursuis Diane au fond du bois;
Plus qu'une biche elle est rapide
Et met le jouteur aux abois.

Elle est changeante, ma châtaine,
Comme les reflets du lézard,
Et le charme de son regard
Est un filet qui vous enchaîne.

Cherchez! peut-être échauffe-t-elle
Les pieds du pauvre dans son sein;
Ou, comme Jeanne la Pucelle,
Peut-être a-t-elle un beau dessein:

Un ange lui fait voir la lance,
L'armure bleue et le cimier
Qui sauveront un jour la France,
Un autre jour le monde entier.

Elle est terrible, ma châtaine,
Comme l'aspect d'un étendard,
Et le charme de son regard
Est un clairon qui nous entraîne.

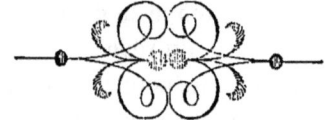

LA CHATAINE.

Paris. — Imprimerie de L. MARTINET, rue Mignon, 2.

LES DEUX COMPAGNONS DU DEVOIR.

LES DEUX COMPAGNONS DU DEVOIR.

1848.

Deux gais compagnons du Devoir
Cheminaient sur le tour de France,
Ayant leurs bras pour tout avoir,
Leur travail pour toute espérance.
De leurs cannes à long pommeau
Ils étayaient leurs pas rapides,
Et laissaient dans chaque hameau
Rires francs et bouteilles vides.

Où marches-tu, gai compagnon,
    Gai compagnon ?
Je m'en vais conquérir la terre ;
J'ai remplacé Napoléon,
    Napoléon :
  Je suis le Prolétaire,
  Je suis le Prolétaire !

Tous deux ils s'étaient rencontrés
A l'embranchement d'une route,
Et comme ils étaient altérés,
Sous la tonnelle on but la goutte.
Mêlant aux plus joyeux propos
Un petit brin de politique,
On eût dit qu'ils vidaient les pots
Pour arroser la République.

Où marches-tu, gai compagnon,
    Gai compagnon ?
Je m'en vais conquérir la terre ;
J'ai remplacé Napoléon,
    Napoléon :
  Je suis le Prolétaire,
  Je suis le Prolétaire !

Nous avons le gouvernement,
Disaient-ils en choquant les verres ;
Mais il faut de l'entendement,
Pour se consulter entre frères.
Nous sommes rois par le scrutin,
Mais il faut choisir le plus digne :
On ne fait que du méchant vin,
Quand on ne pioche pas la vigne.

 Où marches-tu, gai compagnon,
   Gai compagnon ?
Je m'en vais conquérir la terre ;
J'ai remplacé Napoléon,
   Napoléon :
  Je suis le Prolétaire,
  Je suis le Prolétaire !

Méfions-nous du raisonneur
Qui tend à l'ouvrier un piége,
Parlant de famille et d'honneur.
Pour restaurer le privilége.
Nous avons aussi femme, enfants,
Une mère, un père invalide ;
Et dans nos deux bras triomphants
Une propriété solide.

 Où marches-tu, gai compagnon,
   Gai compagnon ?
Je m'en vais conquérir la terre ;
J'ai remplacé Napoléon,
   Napoléon :
  Je suis le Prolétaire,
  Je suis le Prolétaire !

Gardons-nous du faux ouvrier
Qui se fait élire d'emblée,
Pour sa blouse et son tablier,
Et nous renie à l'Assemblée.
Pour éviter la trahison,
Nommons des hommes à l'épreuve
De la balle et de la prison :
Déjà la République est veuve.

Où marches-tu, gai compagnon,
    Gai compagnon?
Je m'en vais conquérir la terre;
J'ai remplacé Napoléon,
    Napoléon :
  Je suis le Prolétaire,
  Je suis le Prolétaire!

Si la République périt,
Nous serons à ses funérailles,
Car son droit divin est écrit
Au plus profond de nos entrailles.
Quelques-uns voudraient nous lier,
Comme des bœufs à l'attelage;
Mais nos cous ne savent plier,
Et nos âmes pas davantage.

Où marches-tu, gai compagnon,
    Gai compagnon?
Je m'en vais conquérir la terre;
J'ai remplacé Napoléon,
    Napoléon :
  Je suis le Prolétaire,
  Je suis le Prolétaire!

Tandis que les deux compagnons
Jasaient, en frappant sur la table,
Deux servantes, aux gros chignons,
Les reluquaient d'un air aimable :
Ce doit être de bons maris,
Dit l'une, à la joue empourprée..
Leurs entretiens furent surpris :
Fut dit, fut fait, dans la soirée.

Où marches-tu, gai compagnon,
    Gai compagnon?
Je m'en vais conquérir la terre;
J'ai remplacé Napoléon,
    Napoléon :
  Je suis le Prolétaire,
  Je suis le Prolétaire!

LES DEUX COMPAGNONS DU DEVOIR.

Paris. — Imprimerie de L. MARTINET, rue Mignon, 2.

LE VIN DE LA PLANÈTE.

LE VIN DE LA PLANÈTE.
1847.

Tout l'été sur la colline,
En visitant mes raisins,
Rien qu'à voir leur bonne mine
Je prédisais de bons vins;
Et la nuit levant la tête
Vers les cieux tout grands ouverts,
J'appelais une comète
Pour dorer mes pampres verts.

J'appelais une comète,
La planète vient au pas
Faire oublier la comète
Dont le vin ne valait pas
   Le vin de la planète.

Une influence bénigne,
Comme je l'avais rêvé,
De loin réchauffait la vigne;
Les savants l'ont bien prouvé.
Amis la vendange est belle;
Ce n'est jamais sans raison
Qu'une planète nouvelle
Met le nez à l'horizon.

J'appelais une comète,
La planète vient au pas
Faire oublier la comète,
Dont le vin ne valait pas
   Le vin de la planète.

On dit qu'à notre équilibre
Manquait ce monde nouveau;

Là-dessus chacun est libre
De tourmenter son cerveau.
Depuis que sur ma vendange
A soufflé l'astre clément,
Ma tête varie et change
D'équilibre à tout moment.

J'appelais une comète,
La planète vient au pas
Faire oublier la comète,
Dont le vin ne valait pas
 Le vin de la planète.

Les tonneaux et les bouteilles,
Les pressoirs et les celliers,
Laissent la vendange aux treilles;
Le bois manque aux tonneliers.
Qu'il est lampant et limpide
Ce vin terrible et naissant!
C'est comme un soleil liquide
Qui s'allume en votre sang.

J'appelais une comète,
La planète vient au pas
Faire oublier la comète,
Dont le vin ne valait pas
 Le vin de la planète.

Dieu n'est pas un méchant juge,
Tout en frappant, il sourit;
Le lendemain du déluge
Le cep de Noé fleurit.
La pluie a noyé les terres;
Le soleil a cui les blés,
Mais la vigne emplit nos verres,
Buvons à coups redoublés.

J'appelais une comète,
La planète vient au pas
Faire oublier la comète,
Dont le vin ne valait pas
  Le vin de la planète.

Oh! la bienheureuse année!
En dépit de nos revers,
Ma Lisette enluminée
Met sa coiffe de travers.
Au lit conjugal fidèle,
Le rusé marchand du coin
Souffle à minuit sa chandelle,
Et laisse dormir son vin.

J'appelais une comète,
La planète vient au pas
Faire oublier la comète,
Dont le vin ne valait pas
  Le vin de la planète.

Le vin de notre planète
Dans mille ans sera cité;
Voyez, la vapeur en tête,
Cheminer l'humanité;
C'est une ère qui commence
L'âge fleuri de l'amour;
Qu'on cisèle un verre immense
Où chacun boive à son tour.

J'appelais une comète,
La planète vient au pas
Faire oublier la comète,
Dont le vin ne valait pas
  Le vin de la planète.

LE VIN DE LA PLANÈTE.

Tout l'é — té sur la col— li — ne, En vi — si—tant mes rai—sins, Rien qu'à voir leur bon — ne mine Je pré — di—sais de bons vins ; Et la nuit levant la tête vers les cieux tout grands ou—verts, J'ap—pe — lais u — ne co— mète pour do—rer mes pampres verts. J'ap—pe—lais u — ne co — mè—te, la pla — nè—te vient au pas Faire ou — bli—er la co — mète dont le vin ne va—lait pas Le vin de la pla — nè — te.

Paris. — Imprimerie de L. MARTINET, rue Mignon, 2.

UNE CHAINE.

UNE CHAINE.

1845.

Vous êtes à l'adolescence
La fleur des fleurs de la cité,
Des vertus vous êtes l'essence,
Et la perle de la beauté.
De l'âme et des yeux on vous aime,
Parmi tous qui choisirez-vous,
Qui ravira le diadème,
Qui s'appellera votre époux ?

Vous souriez comme une reine
    A maints discours ;
Mais vous ne rivez pas la chaîne
    De vos amours.

L'un pour vous a vidé son coffre,
Mais, dans ses écrins vainement,
De sa main ridée il vous offre
Or, bijoux, perles, diamants ;
Vainement dans ses flatteries
Étincelant avec efforts,
Entre vous et ses pierreries
Il sait découvrir mille accords.

Vous souriez comme une reine
    A maints discours,
Mais vous ne rivez pas la chaîne
    De vos amours.

Un autre plus aimant peut-être,
Langoureux comme un rossignol,
Fait gémir sous votre fenêtre
La guitare de l'Espagnol ;
Il vous mêle en ses folles phrases
Aux fleurs du ciel et des sentiers ;
En des sonnets emplis d'extases,
Il met la lune sous vos pieds :

Vous souriez comme une reine
    A maints discours,
Mais vous ne rivez pas la chaîne
    De vos amours.

Et moi, ma belle enchanteresse,
N'osant pas même vous parler,
Je vais raconter ma détresse
Aux bois qui savent consoler ;
Le bouleau fleuri me conseille,
Le bouvreuil m'apprend mon secret,
Qui se dit tout bas à l'oreille
Au plus profond de la forêt.

Et vous souriez, ô ma reine,
    A mon discours ;
Nous nous aimons, rivez la chaîne
    De nos amours.

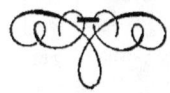

UNE CHAINE.

Moderato.

Vous ê-tes à l'a-do-les-cen-ce La fleur des fleurs de la ci-té, Des ver-tus vous ê-tes l'es-sen-ce et la per-le de la beau-té. De l'âme et des yeux on vous ai-me, Parmi tous qui choi-si-rez-vous, Qui ra-vi-ra le di-a-dême, Qui s'ap-pel-le-ra votre époux? Vous sou-ri-ez comme une rei-ne A maints dis-cours; Mais vous ne rivez pas la chaîne de vos a-mours.

Paris. Imprimerie de L. MARTINET, rue Mignon, 2.

LE CHANT DES ÉTUDIANTS.

LE CHANT DES ÉTUDIANTS.

1848.

Enfants des écoles de France,
Gais volontaires du progrès,
Suivons le peuple et sa science,
Sifflons Malthus et ses arrêts !
Éclairons les routes nouvelles
Que le travail veut se frayer :
Le socialisme a deux ailes,
L'étudiant et l'ouvrier.

    Marchons, sans clairons ni cymbales,
      Aux conquêtes de l'avenir,
Et montrons, s'il le faut, nos poitrines aux balles,
Comme a fait Robert Blum, le glorieux martyr !

N'est-ce pas le travail qui donne
Ce qui nous fait étudier,
Le pain, le livre monotone,
Le vêtement et le foyer ?
Que notre science jalouse
Ne se tienne point à l'écart ;
Il bat plus d'un cœur sous la blouse
Amoureux de science et d'art.

    Marchons, sans clairons ni cymbales,
      Aux conquêtes de l'avenir,
Et montrons, s'il le faut, nos poitrines aux balles,
Comme a fait Robert Blum, le glorieux martyr !

Avec les ouvriers, nos frères,
Marchons bras dessus, bras dessous;
Laissons s'offusquer aux lumières
Les regards fauves des hiboux.
Émancipons l'intelligence
De ceux qui rêvent notre mort :
Allemagne, Italie et France,
Portons la clarté vers le Nord.

Marchons, sans clairons ni cymbales,
 Aux conquêtes de l'avenir,
Et montrons, s'il le faut, nos poitrines aux balles,
Comme a fait Robert Blum, le glorieux martyr!

La polka, la pipe et la bière
Ne consument plus nos loisirs :
Les petits bosquets de Cythère
Ne réveillent plus nos désirs;
Nous avons pour maîtresse unique
Minerve sous de nouveaux traits :
C'est notre jeune République;
Vénus n'aura son tour qu'après.

Marchons, sans clairons ni cymbales,
 Aux conquêtes de l'avenir,
Et montrons, s'il le faut, nos poitrines aux balles,
Comme a fait Robert Blum, le glorieux martyr!

Hélas! à des traces sanglantes
On suit la révolution;
Les capitales pantelantes
Se sont ouvertes au canon.
De Février l'étoile file;
Entendez les chevaux hennir!
Un bruit se répand dans la ville :
Les Cosaques vont revenir.

Marchons, sans clairons ni cymbales,
Aux conquêtes de l'avenir,
Et montrons, s'il le faut, nos poitrines aux balles,
Comme a fait Robert Blum, le glorieux martyr !

Hurrah ! jeunesse des écoles,
A Vienne, à Berlin, à Paris,
Partout lampions et farandoles
Feraient sauter tout le pays :
Tyrans et vieux abus, arrière !
De Dieu nous sommes le flambeau :
Attilas qui portez la guerre,
Vous n'en êtes que le fléau !

Marchons, sans clairons ni cymbales,
Aux conquêtes de l'avenir,
Et montrons, s'il le faut, nos poitrines aux balles,
Comme a fait Robert Blum, le glorieux martyr !

LE CHANT DES ÉTUDIANTS.

En — fants des é — co — les de Fran — ce, Gais vo — lon — tai — res du pro — grès, Suivons le peuple et sa science, Sif — flons Mal — thus et ses arrêts! É — clai — rons les rou — tes nou — vel — les Que le tra — vail veut se fray — er: Le so — cia — lis — me a deux ai — les l'É — tu — di — ant et l'ou — vri — er Le so — ci — a — lisme a deux ai — les, L'é — tu — di — ant et l'ou — vri — er. Mar — chons sans clai — rons ni cym — ba — les aux con — quê — tes de l'a — ve — nir, Et mon — trons s'il le faut, nos poitri nes aux balles, Comme a fait Robert Blum, comme a fait Ro — bert Blum, le glo — ri — eux mar — tyr.

Paris. Imprimerie de L. MARTINET, rue Mignon, 2.

MA VIGNE.

MA VIGNE.

Cette côte à l'abri du vent,
Qui se chauffe au soleil levant
Comme un vert lézard, c'est ma vigne ;
Le terrain en pierre à fusil
Résonne et fait feu sous l'outil ;
Le plant descend en droite ligne
Du fin bourgeon qui fut planté
Par notre bisaïeul Noé.

Bon Français, quand je vois mon verre
Plein de son vin couleur de feu,
Je songe, en remerciant Dieu,
Qu'ils n'en ont pas dans l'Angleterre.

Au printemps, ma vigne en sa fleur
D'une fillette a la pâleur ;
L'été, c'est une fiancée
Qui fait craquer son corset vert ;
A l'automne tout s'est ouvert :
C'est la vendange et la pressée ;
En hiver, pendant son sommeil,
Son vin remplace le soleil.

Bon Français, quand je vois mon verre
Plein de son vin couleur de feu,
Je songe, en remerciant Dieu,
Qu'ils n'en ont pas dans l'Angleterre.

J'aime ma vigne en vieux jaloux :
Gare à ceux qui font les yeux doux
Et voudraient caresser la belle.
Mon sel pince le maraudeur,
Mais ne touche pas au rôdeur,
Au sorcier noir qui fait la grêle :
Quand il s'empare d'un coteau,
C'est comme un loup dans un troupeau.

Bon Français, quand je vois mon verre
Plein de son vin couleur de feu,
Je songe, en remerciant Dieu,
Qu'ils n'en ont pas dans l'Angleterre.

La cave où mon vin est serré
Est un vieux couvent effondré,
Voûté comme une vieille église.
Quand j'y descends je marche droit,
De mon vieux vin je bois un doigt,
Un doigt, deux doigts... et je me grise.
A moi le mur, et le pilier !
Je ne trouve plus l'escalier.

Bon Français, quand je vois mon verre
Plein de son vin couleur de feu,
Je songe, en remerciant Dieu,
Qu'ils n'en ont pas dans l'Angleterre.

La vigne est un arbre divin ;
La vigne est la mère du vin :
Respectons cette vieille mère,
La nourrice de cinq mille ans,
Qui, pour endormir ses enfants,
Leur donne à teter dans un verre.

DE PIERRE DUPONT.

La vigne est mère des amours,
O ma Jeanne, buvons toujours!...

Bon Français, quand je vois mon verre
Plein de son vin couleur de feu,
Je songe, en remerciant Dieu,
Qu'ils n'en ont pas dans l'Angleterre.

MA VIGNE.

A DARCIER.

LE SAUVAGE.

LE SAUVAGE.

1846.

Un jour, lassé de vivre solitaire,
J'aventurai mes pas ambitieux
Sur les chemins qui sillonnent la terre
Et dont pas un n'aboutit jusqu'aux cieux ;
Je visitai ce qu'on nomme une ville,
Repaire immense où l'homme, mon pareil,
Vit sans ombrage, à l'égal du reptile,
En des rochers calcinés au soleil.

    Quand la nature verra-t-elle
    Ses nombreux enfants réunis,
    Troupe joyeuse et fraternelle,
    Sous ses rameaux, dans ses doux nids !

Combien ton sort, ô frère ! me chagrine,
Ta nourriture est vile, un air malsain
Râle brûlant dans ta sourde poitrine,
Où toujours dort quelque sombre dessein ;
Le grand esprit qui me parle sur l'onde
Est moins pour toi qu'un morceau de métal ;
Tu reconnais pour souverain du monde
L'or que je pêche en mon ruisseau natal.

    Quand la nature verra-t-elle
    Ses nombreux enfants réunis,
    Troupe joyeuse et fraternelle,
    Sous ses rameaux, dans ses doux nids !

L'amour en toi n'est qu'un instinct sauvage,
Errant sans but comme une feuille en l'air ;
Aussi ta vie est un triste veuvage
Où le bonheur ne luit que par éclair.
Sais-tu qu'il faut, passager sur la terre,
Aimer à deux pour revivre après toi,
En outre aimer dans tout homme ton frère ?
L'esprit nous dit : C'est là toute la loi.

    Quand la nature verra-t-elle
    Ses nombreux enfants réunis,
    Troupe joyeuse et fraternelle,
    Sous ses rameaux, dans ses doux nids !

La terre est grande et la séve bouillonne
En son flanc vaste au robuste contour,
Comme le vin fermente dans la tonne,
Comme en un cœur d'adolescent, l'amour :
Elle a du lin pour filer une tente
A tous ses fils, et des fruits savoureux
Pour ceux qui, las d'une trop longue attente,
En sont encore à s'égorger entre eux.

    Quand la nature verra-t-elle
    Ses nombreux enfants réunis,
    Troupe joyeuse et fraternelle,
    Sous ses rameaux, dans ses doux nids !

Le jour se lève et déchire la brume
Où notre globe était emmaillotté ;
La vieille foi dans les cœurs se rallume,
Tous les esprits tendent à l'unité :
Le matelot sur les vagues hurlantes
Creuse tout droit son sillon vers le port,
Sans s'égarer aux étoiles filantes,
Les yeux fixés sur le pôle du Nord.

Quand la nature verra-t-elle
Ses nombreux enfants réunis,
Troupe joyeuse et fraternelle,
Sous ses rameaux, dans ses doux nids !

L'onde, la flamme et déjà l'atmosphère,
Coursiers ardents que leur joug fait hennir,
En un seul bond franchissant notre sphère,
Vont rapprocher ce splendide avenir.
Fils des cités, enfants des solitudes,
Ce jour serait demain, si nous voulions
Mettre en commun, vous rêveurs, vos études,
Et nous nos bras teints du sang des lions.

Quand la nature verra-t-elle
Ses nombreux enfants réunis,
Troupe joyeuse et fraternelle,
Sous ses rameaux, dans ses doux nids !

Car le temps vient d'oublier nos querelles,
La faim, la soif, la guerre et tous les maux ;
Il faut entrer en des routes nouvelles,
Clairons en tête et mêlant nos drapeaux.
Couples aimants, couronnez-vous de roses ;
Artistes saints, coupez le vert laurier,
Plus d'envieux et plus de fronts moroses ;
Allons au ciel par l'amoureux sentier !

Quand la nature verra-t-elle
Ses nombreux enfants réunis,
Troupe joyeuse et fraternelle,
Sous ses rameaux, dans ses doux nids !

LE SAUVAGE.

Paris. — Imprimerie de L. Martinet, rue Mignon, 2.

LA VÉRONIQUE.

LA VÉRONIQUE.

Quand les chênes, à chaque branche,
Poussent leurs feuilles par milliers,
La véronique bleue et blanche
Sème les tapis à leurs pieds.
Sans haleine, à peine irisée,
Ce n'est qu'un reflet de couleur,
Pleur d'azur, goutte de rosée,
Que l'aurore a changée en fleur.

Douces à voir, ô véroniques,
Vous ne durez qu'une heure ou deux,
Fugitives et sympathiques
Comme des regards amoureux.

Les violettes sont moins claires,
Les bleuets moins légers que vous,
Les pervenches moins éphémères
Et les myosotis moins doux.
Le dahlia, non plus la rose,
N'imiteront point votre azur :
Votre couleur bleue est éclose
Simplement comme un amour pur.

Douces à voir, ô véroniques,
Vous ne durez qu'une heure ou deux,

Fugitives et sympathiques
Comme des regards amoureux.

Le papillon bleu vous courtise,
L'insecte vous perce le cœur.
D'un coup de bec l'oiseau vous brise,
Que guette à son tour l'oiseleur.
Rêveurs, amants, race distraite,
Vous effeuilleront au hasard,
Sans voir votre grâce muette,
Ni votre dernier bleu regard.

Douces à voir, ô véroniques,
Vous ne durez qu'une heure ou deux,
Fugitives et sympathiques
Comme des regards amoureux.

O fleur insaisissable et pure,
Saphir dont nul ne sait le prix,
Mêlez-vous à la chevelure
De celle dont je suis épris ;
Pointillez dans la mousseline
De son blanc peignoir entr'ouvert,
Et dans la porcelaine fine
Où sa lèvre boit le thé vert.

Douces à voir, ô véroniques,
Vous ne durez qu'une heure ou deux,
Fugitives et sympathiques
Comme des regards amoureux.

Fleurs touchantes du sacrifice,
Mortes, vous savez nous guérir.

Je vois dans votre humble calice
Le ciel entier s'épanouir.
O véroniques, sous les chênes
Fleurissez pour les simples cœurs
Qui, dans les traverses humaines,
Vont cherchant les petites fleurs.

Douces à voir, ô véroniques,
Vous ne durez qu'une heure ou deux,
Fugitives et sympathiques
Comme des regards amoureux.

LA VÉRONIQUE.

Quand les chê-nes, à cha-que bran-che,
Pous-sent leurs feuil-les par mil-liers,
La vé-ro-ni-que bleue et blan-che
Sè-me les ta-pis à leurs pieds.
Sans ha-leine, à peine i-ri-sée,
Ce n'est qu'un re-flet de cou-leur,
Pleur d'a-zur, goutte de ro-sée,
Que l'au-rore a chan-gée en fleur.

REFRAIN.

Dou-ces à voir, ô vé-ro-ni-ques,
Vous ne du-rez qu'une heure ou deux,
Fu-gi-ti-ves et sym-pa-thi-ques
Com-me des re-gards a-mou-reux.
Fu-gi-ti-ves et sym-pa-thi-ques
Com-me des re-gards a-mou-reux.

Paris.—Imprimerie de L. MARTINET, rue Mignon. 2

LE NOËL DES PAYSANS.

Noël! des étables aux granges,
Chantez, vallons, dansez, hauteurs!
Jésus descend, quitte ses anges,
Pour le bœuf, l'âne et les pasteurs.

En attendant la messe, on veille,
On babille, on chante un Noël;
Dans les récits de la plus vieille
La jeune met son grain de sel.
Garçons joufflus, que l'on s'empresse,
Tout frais rasés, vêtus de drap;
Filles en blanc, vite à la messe,
Une étoile vous guidera.

Noël! des étables aux granges,
Chantez, vallons, dansez, hauteurs!
Jésus descend, quitte ses anges
Pour le bœuf, l'âne et les pasteurs.

Dig din don! l'église est jolie:
(Racontons ce que nous voyons)
De beaux habits toute remplie,
De cire blanche et de rayons.
Au fond, dans une niche en verre,
Dort sur la paille un doux Jésus:
Rois et bergers sont en prière,
L'âne et le bœuf soufflent dessus.

Noël! des étables aux granges,
Chantez, vallons, dansez, hauteurs!
Jésus descend, quitte ses anges
Pour le bœuf, l'âne et les pasteurs.

Quand à la file on communie,
L'orgue joue un air de hautbois ;
Quand toute la messe est finie,
On s'éparpille dans les bois.
Il fait si doux ! l'âme est contente,
J'entends un amoureux qui dit :
« Cette nuit le rossignol chante,
» La rose a fleuri cette nuit. »

Noël! des étables aux granges,
Chantez, vallons, dansez, hauteurs!
Jésus descend, quitte ses anges
Pour le bœuf, l'âne et les pasteurs.

Allons! rentrons, car il grésille,
Dit un vieillard en grelottant,
La bûche de Noël pétille
Et le réveillon nous attend.
Respectons la vieille coutume,
Mes beaux amoureux, buvez frais,
Mangez le boudin quand il fume,
Vous vous embrasserez après.

Noël! des étables aux granges,
Chantez, vallons, dansez, hauteurs!
Jésus descend, quitte ses anges
Pour le bœuf, l'âne et les pasteurs.

Jésus fait dans notre nuit noire,
Pauvres gens! luire une clarté :
A sa santé nous devons boire,
Avec lui naît l'égalité.

Grands et puissants à mine altière,
Donnez s'il vous plaît un regard
Au roi du ciel et de la terre,
Né sur la paille d'un hangar.

Noël ! des étables aux granges,
Chantez, vallons, dansez, hauteurs !
Jésus descend, quitte ses anges
Pour le bœuf, l'âne et les pasteurs.

LE NOEL DES PAYSANS

Paris. — Imprimerie de L. Martinet, rue Mignon, 2.

LE CUIRASSIER DE WATERLOO.

LE CUIRASSIER DE WATERLOO.

1850.

Lorsque notre moderne France
A Waterloo sembla périr,
On a vu la Sainte-Alliance
En grand gala se réjouir ;
La province fut rançonnée,
Le paysan porta ses liards,
Et l'ouvrier sur sa journée
Fournit l'appoint des trois milliards.

Rentre ta bête à l'écurie,
Ton cheval si fier au galop,
Et va pleurer sur ta patrie,
Beau cuirassier de Waterloo !

Géricault, ta mâle peinture
De la France exprime le deuil ;
Ton cuirassier haut de stature
Roule des larmes dans son œil ;
Son casque d'un acier livide
Couvre son front humilié ;
Son cheval qu'il tient par la bride
Marche au pas et traîne le pié.

Rentre ta bête à l'écurie,
Ton cheval si fier au galop,
Et va pleurer sur ta patrie,
Beau cuirassier de Waterloo !

Mais dans l'ombre de sa prunelle,
Luttant contre le désespoir,
Il point une blanche étincelle
Comme un astre dans un ciel noir ;
Sa main froisse encor la dragonne
Du sabre au fourreau prisonnier ;
On dirait que le clairon sonne
Et réveille le cuirassier.

Rentre ta bête à l'écurie,
Ton cheval si fier au galop,
Et va pleurer sur ta patrie,
Beau cuirassier de Waterloo !

Dix-huit-cent-trente le relève
Et rattache ses éperons ;
Remonté sur sa bête, il rêve,
Gagner encor triples chevrons.
Cette moustache grise effleure
Le drapeau de la liberté,
Mais quelques jours passés il pleure
Dix-huit-cent-trente escamoté.
Rentre ta bête à l'écurie,
Ton cheval si fier au galop,
Et va pleurer sur ta patrie,
Beau cuirassier de Waterloo !

La foule marche aux Tuileries,
C'est le vingt-quatre Février.
Soudain aux troupes aguerries
Apparaît le beau cuirassier :
De son grand cheval fantastique
Il entraîne tous nos soldats
Qui, devinant la République,
Au peuple tendent leurs deux bras.
Rentre ta bête à l'écurie,
Ton cheval si fier au galop,
Et va pleurer sur ta patrie,
Beau cuirassier de Waterloo !

Va donc, République guerrière !
Cours affranchir les Apennins,
La Hongrie et l'Europe entière !
Mais nous ne sommes que des nains.
Quand jusqu'aux frontières de France
Les Radetzkis sont revenus,
On n'a pas mis dans la balance
Le sabre du Gaulois Brennus.
Rentre ta bête à l'écurie,
Ton cheval si fier au galop,
Et va pleurer sur ta patrie,
Beau cuirassier de Waterloo !

Pourtant nos lames étaient bonnes
Qui se rouillent dans le fourreau ;
Nous aurions brisé les couronnes
En respectant chaque drapeau.
La République s'est trompée.
Est-ce aux mains de ses vrais amis
Qu'elle a confié son épée
Et les clefs de notre pays?

Rentre ta bête à l'écurie,
Ton cheval si fier au galop,
Et va pleurer sur ta patrie,
Beau cuirassier de Waterloo !

Naguères un reflet de gloire
Illumina notre avenir,
Le plus grand nom de notre histoire
Revint comme pour nous unir.
L'ancien avait refait la carte,
Comment porter un pareil nom ?
Il fallait rester Bonaparte
Et se rappeler Washington.

Rentre ta bête à l'écurie,
Ton cheval si fier au galop,
Et va pleurer sur ta patrie,
Beau cuirassier de Waterloo !

Allons, mon cheval de bataille !
Il ne te reste qu'à mourir.
Nous ne faisons plus rien qui vaille,
Nous ne pouvons plus te nourrir.
Sur tes vieux jours la République
Un râtelier d'or te devrait,
Mais une race famélique
A ta place mange au budget.

Rentre ta bête à l'écurie,
Ton cheval si fier au galop,
Et va pleurer sur ta patrie,
Beau cuirassier de Waterloo !

LE CUIRASSIER DE WATERLOO.

Paris. — Imprimerie de L. Martinet, rue Mignon, 2.

LA CHANSON DU BLÉ.

LA CHANSON DU BLÉ.

C'est par grand soin et grand courage
Qu'on fait aux champs venir le blé,
A la sueur de son visage
Et le corps du soleil brûlé :
De ses ongles gratter la terre,
Être sans trêve à la merci
De pluie ou vent, grêle ou tonnerre,
Du laboureur c'est le souci :

   Chemine, chemine,
   Pauvre paysan !
   Travaille et rumine,
   Sinon ta ruine
   Est au bout de l'an.

Quand la terre à point reposée
Est échauffée avec l'engrais,
Dans le brouillard et la rosée
On laboure et l'on sème après.
Ce travail du semeur exerce
Homme, grands bœufs, ânes, chevaux ;
Le rouleau passe avec la herse
Laissant du grain pour les corbeaux.

   Chemine, chemine,
   Pauvre paysan !
   Travaille et rumine,
   Sinon ta ruine
   Est au bout de l'an.

Les corbeaux amènent la neige,
Mais ne craignons rien des hivers ;

Cette blanche hermine protége
Et tient chaudement les blés verts.
C'est ainsi qu'aux yeux toujours dure
De Dieu la vivante bonté :
Du blé la naissante verdure
En hiver annonce l'été.

    Chemine, chemine,
    Pauvre paysan !
    Travaille et rumine,
    Sinon ta ruine
    Est au bout de l'an.

Du printemps à la canicule,
Rien n'est beau comme un champ de blé,
Quand la séve en l'herbe circule,
Quand l'épi de lait est gonflé.
Le sol où frissonnent la paille
Et les rouges coquelicots
Est comme une armée en bataille
Où brillent lances et shakos.

    Chemine, chemine,
    Pauvre paysan !
    Travaille et rumine,
    Sinon ta ruine
    Est au bout de l'an.

Le malin esprit glisse en fraude,
Au moment de la floraison,
Dans les blés couleur d'émeraude,
Rougeole et nielle à foison ;
L'ivraie et le pavot superbe,
Les bluets doux comme des yeux :
Paysannes, partez à l'herbe
Avec vos grands tabliers bleus.

Chemine, chemine,
　　Pauvre paysan !
　　Travaille et rumine,
　　Sinon ta ruine
　　Est au bout de l'an.

Le lion rugit solitaire
Au ciel enflammé, les sillons
Que Juillet de ses feux altère
Sont noyés de fauves rayons.
La paille avec peine balance
Ses épis lourds chargés d'or fin :
Voici la Moisson qui s'avance
Sa grande faucille à la main.

　　Chemine, chemine,
　　Pauvre paysan !
　　Travaille et rumine,
　　Sinon ta ruine
　　Est au bout de l'an.

Fuyez, gentilles alouettes,
Désertez, cailles et perdrix !
Nous allons couper vos retraites,
Nous emportons vos blonds épis.
Au milieu des éclats de rire,
Buvant du vin, mangeant du lar ,
Que nul en secret ne soupire,
Car la glaneuse en a sa part.

　　Chemine, chemine,
　　Pauvre paysan !
　　Travaille et rumine,
　　Sinon ta ruine
　　Est au bout de l'an.

LA JOUEUSE DE GUITARE.

Je ne sais pas où je suis née,
Sous quelle étoile, en quelle année;
Ma mère est morte en m'allaitant.
Errante comme l'hirondelle,
Du toit de chaume à la tourelle
Je gagne ma vie en chantant.

Je suis pauvre, mais bonne fille;
Vous riez de ma souquenille
Qui se traîne dans le ruisseau.
Il faudrait me voir le dimanche,
Lorsque j'ai mis la guimpe blanche
Où se croise un ruban ponceau.

Si je pouvais savoir mon âge,
Je songerais au mariage ;
Une vieille de mon pays
Disait qu'on a dot et fortune,
Tendre ou mutine, ou blonde ou brune,
Quand on a seize ans à Paris.

Or, la vieille bohémienne
M'a dit, autant qu'il m'en souvienne,
Après avoir lu dans ma main :
A toi les honneurs, la richesse:
Tu seras reine ou bien duchesse
Et tu feras un beau chemin.

En croirai-je cette espérance !
Si j'étais reine de France,
Que ferais-je de tout mon bien ?
Oh ! je n'en serais point avare ;
J'achèterais une guitare
A toute fille qui n'a rien.

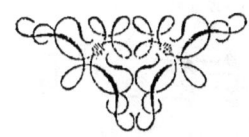

LA JOUEUSE DE GUITARE.

Paris. Imprimerie de L. MARTINET, rue Mignon, 2.

KOSSUTH.

KOSSUTH.

1851.

Kossuth l'a dit en ses adieux :
« Je reviendrai dans ma patrie »
La dernière fois que ses yeux
Ont pu regarder la Hongrie.

Des hautes cimes du pays
Quand il vit sa terre livrée,
Une parole de mépris
Sortit de son âme navrée ;
Des profondeurs de sa douleur
Jaillit une sublime plainte
Qui fut pour le monde en stupeur
La trêve de la guerre sainte.

Kossuth l'a dit en ses adieux :
« Je reviendrai dans ma patrie »
La dernière fois que ses yeux
Ont pu regarder la Hongrie.

« O Georgey, dit-il, c'est en toi,
» Mon brillant compagnon de guerre,
» Que j'avais mis toute ma foi ;
» Je t'aimais à l'égal d'un frère.
» L'or a donc été plus puissant
» Sur ta vue aujourd'hui flétrie
» Que la belle couleur du sang
» Qui se répand pour la patrie ? »

Kossuth l'a dit en ses adieux :
« Je reviendrai dans ma patrie »
La dernière fois que ses yeux
Ont pu regarder la Hongrie.

Puis, l'œil tourné vers les créneaux
De ces forteresses rendues,
Du Danube voyant les eaux
Et les campagnes étendues,
Il dit de sa vibrante voix
Aux monts, aux vallons, aux collines :
« Je viendrai dans quatorze mois
» Relever toutes ces ruines. »

Kossuth l'a dit en ses adieux :
« Je reviendrai dans ma patrie »
La dernière fois que ses yeux
Ont pu regarder la Hongrie.

Or, depuis que de sang versé !
Les balles ont troué les têtes,
Et plus d'un gibet s'est dressé
Où pendent encor les squelettes.
Kossuth est libre cependant
Comme son âme et sa parole :
Est-il un front de prétendant
Où luise une telle auréole !

Kossuth l'a dit en ses adieux :
« Je reviendrai dans ma patrie »
La dernière fois que ses yeux
Ont pu regarder la Hongrie.

Le sultan l'a sauvé du czar
Et de l'Autriche sanguinaire.
Planant plus au loin, son regard
Peut choisir dans toute la terre.
L'Amérique frète un vaisseau,
Notre Paris ardent l'appelle ;
On voudrait voir sous un arceau
Passer une tête aussi belle.

Kossuth l'a dit en ses adieux :
« Je reviendrai dans ma patrie »
La dernière fois que ses yeux
Ont pu regarder la Hongrie.

Prenez garde, messieurs les rois !
L'homme sans sujets ni provinces,
Qui suit toujours les chemins droits,
Passe chez nous avant les princes.
Il n'est au-dessus du proscrit
Qui survit plus grand à sa cause,
Que l'obscur martyr qui périt
Et dans la tombe se repose.

Kossuth l'a dit en ses adieux :
« Je reviendrai dans ma patrie »
La dernière fois que ses yeux
Ont pu regarder la Hongrie.

O terre des libres chevaux,
Où les vins ont le goût si rare,
Hongrie ! il en faut de nouveaux,
Pour le beau jour qui se prépare !
Selle un cheval éblouissant,
Comme les coursiers de l'aurore,
Dans le hanap verse ton sang,
Le grand Kossuth respire encore.

Kossuth l'a dit en ses adieux :
« Je reviendrai dans ma patrie »
La dernière fois que ses yeux
Ont pu regarder la Hongrie.

LE BRACONNIER.

LE BRACONNIER.

Tôt, tôt, partons, bon braconnier !
Avec la gourde et la besace,
Sans oublier dans ton carnier
Chevrotines tuant sur place
Loups et bêtes de grosse race ;
Du plomb pour lièvre et pour bécasse,
Des balles pour les gardes-chasse,
  Autre gibier.

Mauvais coucheur et mauvais diable,
Mal ficelé, mal culotté,
De gros sabots chaussé, botté,
Je ne suis point chasseur aimable.
Mon fusil n'est point travaillé
Comme une fine tabatière ;
Non, c'est un vieux fusil à pierre
Dont le canon est tout rouillé,
C'est une vieille canardière.

Tôt, tôt, partons, bon braconnier !
Avec la gourde et la besace,
Sans oublier dans ton carnier
Chevrotines tuant sur place
Loups et bêtes de grosse race ;
Du plomb pour lièvre et pour bécasse,
Des balles pour les gardes-chasse,
  Autre gibier.

A l'heure où le hibou se lève,
Ou bien avant qu'il soit couché,
En un clin d'œil enharnaché,
A mon lourd sommeil je fais trêve.

Je m'en vais, au chant des grillons,
A nos gardes-chasse en découdre,
Toujours avare de ma poudre,
Qui pour les bois et les sillons
Est plus sanglante que la foudre.

Tôt, tôt, partons, bon braconnier !
Avec la gourde et la besace,
Sans oublier dans ton carnier
Chevrotines tuant sur place
Loups et bêtes de grosse race ;
Du plomb pour lièvre et pour bécasse ;
Des balles pour les gardes-chasse.
  Autre gibier.

Devinant toujours ma pensée,
Guettant sans bruit comme un serpent,
Mon chien, qui va clopin-clopant,
Vaut mieux qu'une meute dressée.
Il découvre tout traquenard,
Filet tendu, piége ou ficelle.
Quand le gibier s'y prend de l'aile
Ou de la patte, mon renard
Le rapporte à mon escarcelle.

Tôt, tôt, partons, bon braconnier !
Avec la gourde et la besace,
Sans oublier dans ton carnier
Chevrotines tuant sur place
Loups et bêtes de grosse race ;
Du plomb pour lièvre et pour bécasse,
Des balles pour les gardes-chasse.
  Autre gibier.

En braconnant ainsi je gagne
De quoi, si j'étais moins buveur,
Devenir moi-même un chasseur,
Maître de toute une montagne.

Moi devenir un muscadin,
A train de chasse, à mine altière,
Posséder une meute entière,
Porter la guêtre en peau de daim !
J'aimerais mieux casser mon verre.

Tôt, tôt, partons, bon braconnier !
Avec la gourde et la besace,
Sans oublier dans ton carnier
Chevrotines tuant sur place
Loups et bêtes de grosse race ;
Du plomb pour lièvre et pour bécasse,
Des balles pour les gardes-chasse,
    Autre gibier.

Ces beaux chasseurs de circonstance,
Savez-vous à quoi cela sert ?
Quand ils fêtent leur Saint-Hubert,
C'est moi qui fournis la pitance.
Ce jour-là, de leur bon argent,
Le braconnier refait sa bosse :
Il se grise comme un colosse
Avec la veuve d'un sergent,
Qu'il épouse en sixième noce.

Tôt, tôt, partons, bon braconnier !
Avec la gourde et la besace,
Sans oublier dans ton carnier
Chevrotines tuant sur place
Loups et bêtes de grosse race ;
Du plomb pour lièvre et pour bécasse,
Des balles pour les gardes-chasse,
    Autre gibier.

L'ÉMIGRÉE DE FRANCE

L'ÉMIGRÉE DE FRANCE.

1848.

Mon mari, que je vénère,
En fuite, après février,
M'a poussée en Angleterre;
Mais que faire en ce terrier?
Je conçois qu'un diplomate
Dans les brouillards s'acclimate,
O terre des longs ennuis!
Une femme délicate
Ne peut vivre qu'à Paris.

Le bruit français incommode
La souveraine des mers
Qui veut transplanter la mode
Dans ses parcs froids et déserts.
Vous êtes un peu bien vaine;
Laissez ma petite reine,
Laissez l'aile aux colibris,
Aux Chinois la porcelaine,
Et les modes à Paris.

Nos gais artistes de France
Ont traversé le détroit;
Le théâtre est pris d'avance,
Mais l'enthousiasme est froid.
On leur jette une guinée,
Mais sitôt qu'elle est donnée

L'artiste a perdu son prix ;
Vous reviendrez l'autre année,
On n'admire qu'à Paris.

Pardonnez, chère Angleterre,
Si je vous hais sans raison ;
Ailleurs qu'à Paris la terre
N'est pour moi qu'une prison.
Je trouve la France infâme,
Je la déteste en mon âme ;
Mais je veux revoir les nids
Dont est brodé Notre-Dame :
Qu'on me ramène à Paris.

L'Opéra fait-il relâche,
Que deviennent les amours ?
Chacun a repris sa tâche
Et la Seine suit son cours.
Où montrer cette dentelle ?
Ma loge vide m'appelle,
Au diable tous les maris !
Steamer, fuis à tire-d'aile :
On n'est belle qu'à Paris.

On dit que des barricades
On a remis les pavés,
Que du feu des canonnades
Nos hôtels sont préservés.
On dit que le peuple même
Est beau ; quant à moi, je l'aime,
Et jusqu'aux yeux je rougis
Quand j'entends, comme un blasphème,
Parler mal de mon Paris.

L'ÉMIGRÉE DE FRANCE

Allegro.

Mon mari, que je vénère, En fuite, après Février, M'a poussée en Angleterre. Mais que faire en ce terrier? Je conçois qu'un diplomate dans tes brouillards s'acclimate, O terre des longs ennuis! Une femme délicate Ne peut vivre qu'à Paris. (1) Une femme délicate Ne peut vivre qu'à Paris.

(1) A la reprise du quatrième couplet : *Je veux revoir Notre-Dame*, etc.

Paris. Imprimerie de L. MARTINET, rue Mignon, 2.

LE DAHLIA BLEU.

LE DAHLIA BLEU.

Où donc s'envolent vos semaines,
Pourquoi, soucieux jardiniers,
Ce surcroît de soins et de peines ?
Vos jardins sont des ateliers
Où vous tissez des fleurs humaines.
O fleurs divines d'autrefois !
Lis et roses, fuyez aux bois ;
Bluets, pervenches, violettes,
Myosotis, vivez seulettes
  Sous l'œil de Dieu,
 Ils rêvent le dahlia bleu.

Qu'il faudrait une main savante
Pour semer à son gré l'azur
Qui des cieux colore la tente,
Se réfléchit dans un flot pur,
Et dans mille fleurs nous enchante !
Toute fleur qui nous laisse voir
Le bleu du ciel dans son miroir,
Bluet, pervenche, violette,
Myosotis, éclot seulette
  Sous l'œil de Dieu :
 Ils rêvent le dahlia bleu.

Autour des walses, des quadrilles,
Des rondes et des jeux du soir,
Où se pressent les jeunes filles,
Rôde un spectre vêtu de noir

Qui censure les plus gentilles.
Vous n'êtes rien, frêles beautés,
Au prix des rêves enchantés
Qui tourbillonnent dans sa tête.
Nulle part il ne voit complète
  L'œuvre de Dieu,
 Il rêve le dahlia bleu.

Voyez les rondes les dimanches,
Sous les vieux noyers des hameaux !
Ces enfants ou brunes ou blanches
Sont les myosotis des eaux
Ou les bluets ou les pervenches.
Voyez dans le bal animé
Ces enfants qui n'ont pas aimé,
Pâles comme les violettes :
Peut-être au sein de ces fleurettes,
  Filles de Dieu,
 Se cache le dahlia bleu !

LE CHANT DES NATIONS.

LE CHANT DES NATIONS.

1847.

Tous les captifs qui sur la terre
Courbaient leur front, l'ont relevé
Pour commencer la grande guerre,
Par qui leur droit sera sauvé.
Ils ont fait ranger à leur tête
Les hommes libres, leurs aînés,
Qui s'en vont calmes à la fête
Devant ces lions déchaînés.

Le jour des grands destins se lève
Au son du cuivre et du tambour.
O guerre ! c'est ton dernier jour !
Le glaive brisera le glaive,
Et du combat naîtra l'amour.

Chaque patrie envoie un nombre
De combattants pris au hasard
Parmi ceux qui souffraient dans l'ombre :
Ah ! ils se sont levés trop tard !
Mais leur colère amoncelée
Fera d'un coup rompre leurs fers,
Et l'on verra dans la mêlée
Quels maux leurs grands cœurs ont soufferts.

Le jour des grands destins se lève
Au son du cuivre et du tambour.
O guerre ! c'est ton dernier jour !
Le glaive brisera le glaive,
Et du combat naîtra l'amour.

Les couleurs de mille bannières
Flottant au front des légions,
Rappellent aux yeux les frontières
Qui séparaient les nations;
Mais l'espérance étant commune,
Ces bannières vont se mêlant,
Ces nations n'en font plus qu'une
Sous le drapeau bleu, rouge et blanc.

Le jour des grands destins se lève
Au son du cuivre et du tambour.
O guerre! c'est ton dernier jour!
Le glaive brisera le glaive,
Et du combat naîtra l'amour.

Faut-il que la foule avilie
D'un seul orgueil soit l'instrument,
Et que son échine assouplie
Redoute un brutal châtiment!
Ce n'est point ainsi qu'on nous mène,
On n'emprisonne pas le feu,
Et l'immortelle race humaine
Porte en ses flancs l'âme de Dieu.

Le jour des grands destins se lève
Au son du cuivre et du tambour.
O guerre! c'est ton dernier jour!
Le glaive brisera le glaive,
Et du combat naîtra l'amour.

Sur son beau cheval de bataille
Le despote accourt furieux :
La fusillade et la mitraille
Pleuvront au signe de ses yeux.
Marchons en colonne serrée
Sur son armée au sombre abord,

Lentement, comme la marée,
Entre les écueils de son bord.

Le jour des grands destins se lève
Au son du cuivre et du tambour.
O guerre! c'est ton dernier jour !
Le glaive brisera le glaive,
Et du combat naîtra l'amour.

Il voudrait encor nous voir vivre
Enchaînés comme les démons.
Nos ossements, comme le givre,
Blanchiront la plaine et les monts
Avant cette honte suprême
De subir son joug détesté.
Dieu seul est grand, il veut qu'on l'aime
Et qu'on le serve en liberté.

Le jour des grands destins se lève
Au son du cuivre et du tambour.
O guerre! c'est ton dernier jour !
Le glaive brisera le glaive,
Et du combat naîtra l'amour.

LA MUSETTE NEUVE.

LA MUSETTE NEUVE.

Qu'on m'apporte du houx,
Pour y percer trois trous !
Oh ! la bonne amusette ! lon la !
Du houx, du buis ou du sureau,
Avec une peau de chevreau,
Pour faire une musette, lon la,
Pour chanter mes amours,
Tout le long de mes jours.

Ma Jeanne, je t'aime,
Je t'offre mon cœur :
Garde-le de même
Qu'un muguet en fleur.
Ma Jeanne est plus belle
Que le ciel et l'eau,
Elle est plus cruelle
Qu'un coup de couteau.

Qu'on m'apporte du houx,
Pour y percer trois trous !
Oh ! la bonne amusette ! lon la !
Du houx, du buis ou du sureau,
Avec une peau de chevreau,
Pour faire une musette, lon la,
Pour chanter mes amours,
Tout le long de mes jours.

J'ai pour la coquette,
Sous mes gros sabots,
Brisé la musette
Aux fredons si beaux,
Qui dans les familles,
Depuis six cents ans
Mariait les filles
De nos paysans.

Qu'on m'apporte du houx,
Pour y percer trois trous!
Oh! la bonne amusette! lon la!
Du houx, du buis ou du sureau,
Avec une peau de chevreau,
Pour faire une musette, lon la,
Pour chanter mes amours
Tout le long de mes jours.

Musette nouvelle,
Il faut l'attendrir!
Sinon la cruelle
Me fera mourir.
Jusqu'à la rivière
Je cours comme un fou,
J'y prends une pierre,
L'attache à mon cou.

Qu'on m'apporte du houx,
Pour y percer trois trous!
Oh! la bonne amusette! lon la!
Du houx, du buis ou du sureau,
Avec une peau de chevreau,
Pour faire une musette, lon la,
Pour chanter mes amours
Tout le long de mes jours.

J'attache la pierre.
A genoux au bord,
Disant ma prière
Pour braver la mort :
Et sous l'eau muette
Iront sans nager,
Amour et musette,
Musette et berger.

Qu'on m'apporte du houx,
Pour y percer trois trous !
Oh ! la bonne amusette ! lon la !
Du houx, du buis ou du sureau,
Avec une peau de chevreau,
Pour faire une musette, lon la,
Pour chanter mes amours,
Tout le long de mes jours.

LA MUSETTE NEUVE.

Paris. — Imprimerie de L. MARTINET, rue Mignon, 2.

JE VEUX BATTRE LES NOIX.

JE VEUX BATTRE LES NOIX.

1845.

Vite, ma ménagère,
Ma bouteille et mon verre
Et mon bonnet de molleton !
Ce soir je veux tout battre,
Faire le diable à quatre :
Jeanne, apporte-moi mon bâton.

Jeanne, prends garde aux coups de gaule !
Déjà tu fais ta grosse épaule :
Gare au chignon, gare à tes doigts,
Je veux battre les noix.

L'année est bonne à pendre,
On ne pourra rien vendre,
On fera bien comme on pourra
S'il arrive une guerre !...
Jusqu'aux pommes de terre
Qui sont mortes du choléra !

Jeanne, prends garde aux coups de gaule !
Déjà tu fais ta grosse épaule :

Gare au chignon, gare à tes doigts,
Je veux battre les noix.

On a peur d'un déluge,
Moi, j'aurais un refuge
Contre le jugement dernier.
Quand il pleuvait à verse,
J'ai mis ma tonne en perce,
Et monté la cave au grenier.

Jeanne, prends garde aux coups de gaule !
Déjà tu fais ta grosse épaule :
Gare au chignon, gare à tes doigts,
Je veux battre les noix.

La campagne est en perte.
Notre vendange est verte...
Elle est plus verte qu'un lézard
Qui dans un pré s'ennuie
Après un mois de pluie.
Jeanne ! le vin est en retard.

Jeanne, prends garde aux coups de gaule !
Déjà tu fais ta grosse épaule :
Gare au chignon, gare à tes doigts,
Je veux battre les noix.

J'aurai la langue noire,
Je ne pourrai pas boire
Tout mon content de ma boisson.
Jeanne ! reste tranquille,
A ta quenouille file,
Et ne me fais pas de garçons.

Jeanne, prends garde aux coups de gaule !
Déjà tu fais ta grosse épaule :
Gare au chignon, gare à tes doigts,
    Je veux battre les noix.

JE VEUX BATTRE LES NOIX.

MUSIQUE DE E. REYER.

Paris. — Imprimerie de L. Martinet, rue Mignon, 2.

LA BRUNE.

LA BRUNE.

1846.

Que je vous parle d'une brune
Dont les yeux luisent doucement
Comme le croissant de la lune
Reflété dans un lac dormant;
De qui la taille est svelte et fine
Comme la tige des palmiers,
De qui la bouche est purpurine
Comme la pourpre des rosiers,
De qui la parole divine
Courberait des rois à ses pieds.

Inclinez-vous quand elle passe,
Arbres et fleurs; pliez, roseaux;
Murmurez, flots et chants d'oiseaux.
La nature a filé sa grâce
Du plus beau fil de ses fuseaux.

Vous caracoleriez près d'elle
Sur des chevaux d'un sang royal;
Vous pourchasseriez la rebelle
Comme un gibier seigneurial,
Qui pour sa jambe de Diane,
Qui pour ses lèvres de rubis,
Pour sa souplesse de liane,
Pour ses yeux noirs, vrai paradis.

Elle esquiverait, diaphane,
Les Nemrods et les Amadis.

Inclinez-vous quand elle passe,
Arbres et fleurs ; pliez, roseaux ;
Murmurez, flots et chants d'oiseaux.
La nature a filé sa grâce
Du plus beau fil de ses fuseaux.

Rêvez les pierres précieuses,
Les grands troupeaux, les fleuves d'or,
Les étoffes les plus soyeuses,
Dont une seule est un trésor.
Imaginez une arche pleine
De tout ce qui reluit à l'œil,
Un palais dont un pied de reine
N'oserait pas franchir le seuil.
Ses yeux y toucheraient à peine,
Elle a mis plus haut son orgueil.

Inclinez-vous quand elle passe,
Arbres et fleurs ; pliez, roseaux ;
Murmurez, flots et chants d'oiseaux.
La nature a filé sa grâce
Du plus beau fil de ses fuseaux.

Moins haut l'aigle a bâti son aire,
Moins haut les flèches ont volé,
De moins haut s'abat le tonnerre.
Jusqu'où va son orgueil ailé ?
Il va cherchant le cœur d'un sage,
Fût-il empereur ou berger.
Reine au grand cœur, de plage en plage
Il faut errer et voyager :

La terre est un lieu de passage
Où le sage est un étranger.

Inclinez-vous quand elle passe,
Arbres et fleurs; pliez, roseaux;
Murmurez, flots et chants d'oiseaux.
La nature a filé sa grâce
Du plus beau fil de ses fuseaux.

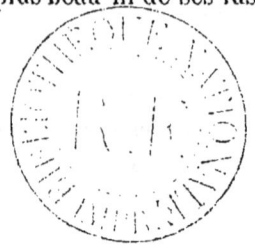

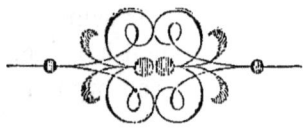

LA FÊTE.

Tout le village est à la fête,
Tout le village et l'alentour,
La grosse caisse et la musette
Y marquent le pas à l'amour,
Et la montagne danse autour.

Les grands bœufs ruminent, couchés
Sur les genoux, dans leur étable ;
Les laboureurs endimanchés
Boivent les coudes sur la table.
Les garçons marchent tous au pas
Avec des habits de soldats ;
En tête, l'amoureux de Jeanne
Fait moulinet avec sa canne,
Coiffé d'un ourson à glands d'or,
En habit de tambour-major.

Tout le village est à la fête,
Tout le village et l'alentour,
La grosse caisse et la musette
Y marquent le pas à l'amour,
Et la montagne danse autour.

Loups et filous, quel bon moment
Pour dépeupler la bergerie !
Finaud dort d'un œil seulement :
Gare à vous si la brebis crie !

Quel vacarme, quelle rumeur!
Tout le monde est en belle humeur :
C'est pire que le tintamarre
Des grenouilles dans une mare.
Jeanne entre en danse; tous les yeux
Sont sur elle et son amoureux.

Tout le village est à la fête,
Tout le village et l'alentour,
La grosse caisse et la musette
Y marquent le pas à l'amour,
Et la montagne danse autour.

Sous sa blouse de tous les jours,
Le braconnier sent son cœur battre ;
Le charlatan suspend ses tours :
Qu'aurait fait le roi Henri-Quatre?
Jeanne a l'œil vif, le chignon lourd,
Le bas tiré, le jupon court,
Les dents blanches, l'haleine pure,
Et les souliers couleur de mûre ;
Elle est blanche et rose à la fois
Comme une églantine des bois.

Tout le village est à la fête,
Tout le village et l'alentour,
La grosse caisse et la musette
Y marquent le pas à l'amour,
Et la montagne danse autour.

Le tambour-major est plus fier
Que s'il menait toute une armée ;
Comme un oiseau s'enlève en l'air,
Il soulève sa bien-aimée.
Une dame pousse un soupir
En voyant leurs cœurs se trahir,

Et leurs deux mains l'une dans l'autre.
Le diable rôde, bon apôtre,
Et fait sonner ses louis d'or...
Vieux jaloux, garde ton trésor !

Tout le village est à la fête,
Tout le village et l'alentour,
La grosse caisse et la musette
Y marquent le pas à l'amour,
Et la montagne danse autour.

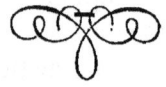

LA FÊTE.

Paris. — Imprimerie de L. Martinet, rue Mignon, 2.

HÉGÉSIPPE MOREAU.

20 décembre 1851.

Au cimetière Montparnasse,
Parmi la foule de ces morts
Que le temps inflexible entasse
Comme un avare ses trésors,
Une tombe gît sous la mousse,
Dépassant à peine le sol,
Où dort une mémoire douce
Comme le chant du rossignol.

Passant, sur la pierre qui s'use
Aux baisers de l'air et de l'eau,
Lisez un nom cher à la muse :
    Hégésippe Moreau.

N'ayant jamais connu sa mère,
Par les étrangers accueilli,
Mendiant comme au temps d'Homère,
Dans l'opprobre il aurait vieilli ;
Chantant pour emplir sa besace,
Les méchants l'auraient maltraité,
Car par la Vérité qui passe
Le monde se croit insulté.

Passant, sur la pierre qui s'use
Aux baisers de l'air et de l'eau,
Lisez un nom cher à la muse :
    Hégésippe Moreau.

Il est mort à l'âge où l'on aime,
Après avoir souffert, aimé ;
Au fond de ce double problème
Son doux esprit s'est abîmé.
Son âme, rompant les lisières
Qui la séparaient du repos,
A gagné les célestes sphères ;
La nature a repris ses os.

Passant, sur la pierre qui s'use
Aux baisers de l'air et de l'eau,
Lisez un nom cher à la muse :
    Hégésippe Moreau.

L'arbre mordu pendant la sève
Par la dent de chèvre du mal
N'a donné que ses fleurs : son rêve
Était loin de son idéal.
Quel gazouillis sa poésie,
Sœur des oiseaux, fille des fleurs,
Nous rapporta de sa Voulzie [1],
Charme de l'oreille et des cœurs !

Passant, sur la pierre qui s'use
Aux baisers de l'air et de l'eau,
Lisez un nom cher à la muse :
    Hégésippe Moreau.

A côté de Burns [2] le rustique,
Et de Perse [3], mort comme lui,
Il rayonne au ciel poétique
Et nous fait défaut aujourd'hui.
Son dédain noble et sans colère
Irait au cœur des prétendants.

---

[1] Ruisseau.
[2] Célèbre poëte rustique écossais.
[3] Satirique latin, mort au même âge qu'Hégésippe Moreau.

Calomnie, horrible vipère,
Comme il aurait brisé tes dents!

Passant, sur la pierre qui s'use
Aux baisers de l'air et de l'eau,
Lisez un nom cher à la muse :
    Hégésippe Moreau.

Sur sa *casse* d'imprimerie
Accoudé, méditant des vers,
Entraîné par sa rêverie,
Il travaillait tout de travers.
Hélas! la muse son amante
Lui préparait son piédestal!
Il exhala son âme ardente
Sur le grabat d'un hôpital.

Passant, sur la pierre qui s'use
Aux baisers de l'air et de l'eau,
Lisez un nom cher à la muse :
    Hégésippe Moreau.

Réparons l'injustice noire
De son âge contemporain ;
Couronnons de fleurs sa mémoire
Aussi durable que l'airain.
Et puisque des morts la poussière
Aime l'hommage des petits,
Cœurs simples, allez sur sa pierre
Déposer des myosotis.

Passant sur la pierre qui s'use
Aux baisers de l'air et de l'eau,
Lisez un nom cher à la muse :
    Hégésippe Moreau.

HÉGÉSIPPE MOREAU.

Moderato.

Au cimetière Montparnasse
Parmi la foule de ces morts
Que le temps inflexible entasse
Comme un avare ses trésors,
Une tombe gît sous la mousse
Dépassant à peine le sol,
Où dort une mémoire douce
Comme le chant du rossignol:

REFRAIN.

Passants, sur la pierre qui s'use
Au baiser de l'air et de l'eau.
Lisez un nom cher à la muse:
Hégésippe Moreau,
Hégésippe Moreau,
Hégésippe Moreau.

Paris. — Imprimerie de L. Martinet, rue Mignon, 2.

A UN BERCEAU.

A UN BERCEAU.

A MON AMI M.

Que Dieu, notre souverain maître,
  Éloigne tout péril
Du bel enfant qui vient de naître
  Parmi les fleurs d'avril !

Quand les nids sont encore vidés,
Les nids où soupire l'oiseau,
Mère, je vois tes yeux avides
Rester fixés sur un berceau.
C'est que dans ce berceau repose
Le nouveau-né, le bien-aimé ;
Son œil est bleu, sa lèvre est rose,
Son petit souffle est embaumé.

Que Dieu, notre souverain maître,
  Éloigne tout péril
Du bel enfant qui vient de naître
  Parmi les fleurs d'avril !

Tout célèbre ta bienvenue,
Enfant éclos sous les baisers ;
Le printemps empourpre la nue
Et verdit les sommets boisés ;
Il vide ses pleines corbeilles
Et ses trésors les plus secrets,
Sur les prés épand les abeilles
Et les oiseaux sur les forêts.

Que Dieu, notre souverain maître,
  Éloigne tout péril
Du bel enfant qui vient de naître
  Parmi les fleurs d'avril !

La main du Seigneur est ouverte
Et tous ses dons ont ruisselé ;
Sur les coteaux, la vigne est verte ;
La plaine voit fleurir le blé.
Enfant, que ton âme bénie
Reçoive ainsi les dons de Dieu !
Que ton front couve le génie,
Ton cœur l'amour, cet autre feu !

Que Dieu, notre souverain maître,
  Éloigne tout péril
Du bel enfant qui vient de naître
  Parmi les fleurs d'avril !

Fleurissez, rose et violette,
Où ses petits pieds marcheront ;
Qu'une fée, avec sa baguette,
Vienne toucher son petit front.
Ne l'écarte pas de la route
Qui conduit ton père au bonheur ;
Que ton ombre soit toujours toute
Sous le rayon droit de l'honneur !

Que Dieu, notre souverain maître,
  Éloigne tout péril
Du bel enfant qui vient de naître
  Parmi les fleurs d'avril !

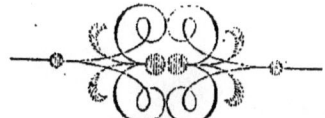

Paris. — Imprimerie de L. MARTINET, rue Mignon, 2.

LES TAUREAUX.

LES TAUREAUX.

Voyez paître aux bords des marais
Ces taureaux dont les rudes traits,
    Le fanon superbe,
Attirent plus d'un voyageur
Qui les regarde, tout songeur,
    Des prés tondre l'herbe.

On voit s'agiter les roseaux
Partout où leurs larges naseaux
    Soufflent leur haleine ;
Leurs yeux ont des reflets sanglants,
Leur poil flotte sur leurs fronts blancs
    En touffes de laine.

Dans ces taureaux à l'œil de feu,
L'Égypte aurait choisi son Dieu
    Pour ses sacrifices ;
Rome eût pris le plus argenté,
Le plus fier, qui passe en beauté
    Les blanches génisses.

Leurs cornes menacent le ciel
Et perceraient d'un coup mortel,
    En rase campagne,
Le plus vaillant toréador
Qui moissonne la gloire et l'or
    Aux cirques d'Espagne.

Qu'il vienne à passer par hasard
Une génisse au doux regard,
    Vers leur marécage
Ils feront, sauvages amants,
Retentir de mugissements
    Rivière et pacage.

Restez libres dans le désert,
Broutez le pâturage vert,
    Fuyez nos entraves !
Loin des tyrans et des bourreaux,
Paissez en liberté, taureaux :
    Les bœufs sont esclaves.

LES TAUREAUX.

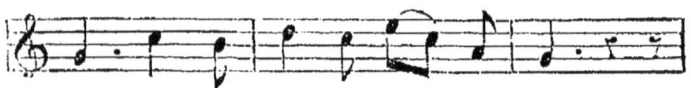

Voy-ez paître au bord des ma-rais

Ces tau-reaux dont les ru-des traits,

Le fa-non su-per-be, Le fa-non su-per-be,

At-ti-rent plus d'un voy-a-geur, Qui les re-

-gar-de, tout son-geur, Des prés ton-dre

l'her-be, Des prés ton-dre l'her-be.

Paris, Imprimerie de L. MARTINET, rue Mignon, 2.

LE JOUR DES MORTS.

LE JOUR DES MORTS A LA CAMPAGNE.
1817.

Depuis trente ans que je suis dans ma chambre,
Seul, sans ma femme, et sans enfants depuis,
Dès le matin, quand vient le deux novembre,
A mon chapeau j'attache un brin de buis.
Le long des prés voilés de brume grise,
Mon crêpe au bras je marche sans rien voir,
Je suis le son du glas jusqu'à l'église
Dont le portail est habillé de noir.

    De profundis !
  Mon Dieu, conduisez l'âme
 De mes enfants et de ma femme,
  Et des morts de tous les pays
  Dedans votre saint paradis.

L'église encor plus pleine qu'au dimanche
De gens qui sont pliés sur leurs genoux,
Sous son drap noir semé de larmes blanches
Semble une épouse en deuil de son époux.
L'orgue tonnant plus fort que la tempête
A pleins poumons siffle au *dies iræ*;
Du jugement on dirait la trompette,
Dans un étau je sens mon cœur serré.

    De profundis !
  Mon Dieu, conduisez l'âme
 De mes enfants et de ma femme,
 De mes parents, de mes amis,
 Et des morts de tous les pays,
  Dedans votre saint paradis.

Après on va prier au cimetière,
Sous les sureaux, dans l'herbe agenouillés ;
Ainsi je passe une journée entière
Le corps tout raide, et les genoux mouillés ;
Mais n'ont-ils pas plus froid dans la froidure,
Eux qui sont là tout le long des hivers ?
Au moins l'été, leur couchette est moins dure
Et sur leurs pieds ils ont des tapis verts.

  De profundis !
  Mon Dieu, conduisez l'âme
 De mes enfants et de ma femme,
 De mes parents, de mes amis,
 Et des morts de tous les pays,
 Dedans votre saint paradis.

Mon buis béni, sur leur corps je te plante,
Conserve-toi vert jusqu'à la saison
Où la fleur point, où la fauvette chante.
Adieu mes morts ! Je rentre à la maison ;
Mais dans ma tête, en rentrant, je repasse
Tous mes anciens dont j'ai perdu le nom :
On dit qu'ils ont tous déserté la place
Et les plus grands, même Napoléon.

  De profundis !
  Mon Dieu, conduisez l'âme
 De mes enfants et de ma femme,
 De mes parents, de mes amis,
 Et des morts de tous les pays,
 Dedans votre saint paradis.

Si ce héros que la France regrette
Est, comme on dit, à Paris enterré,
Quand va fleurir, en mars la violette,
J'irai le voir et je le fleurirai

Avant d'aller moi-même en la demeure
Où l'empereur est l'égal du berger ;
Car, comme un autre, il faudra que je meure :
Depuis trente ans Dieu me doit mon congé.

  De profundis !
 Mon Dieu, conduisez l'âme
 De mes enfants et de ma femme,
 De mes parents, de mes amis,
 Et des morts de tous les pays,
 Dedans votre saint paradis.

LE CHANT DU PAIN.

LE CHANT DU PAIN.

1847.

Quand dans l'air et sur la rivière
Des moulins se tait le tic-tac ;
Lorsque l'âne de la meunière
Broute et ne porte plus le sac :
La famine, comme une louve,
Entre en plein jour dans la maison ;
Dans les airs un orage couve,
Un grand cri monte à l'horizon :

On n'arrête pas le murmure
Du peuple, quand il dit : J'ai faim !
Car c'est le cri de la nature :
    Il faut du pain !

La faim arrive du village,
Dans la ville, par les faubourgs ;
Allez donc barrer le passage
Avec le bruit de vos tambours.
Malgré la poudre et la mitraille,
Elle traverse à vol d'oiseau,
Et sur la plus haute muraille
Elle plante son noir drapeau.

On n'arrête pas le murmure
Du peuple, quand il dit : J'ai faim ;
Car c'est le cri de la nature :
    Il faut du pain !

Que feront vos troupes réglées ?
La faim donne à ses bataillons
Des armes en plein champ volées
Aux prés, aux fermes, aux sillons :
Fourches, pelles, faux et faucilles :
Dans la ville, au glas du tocsin,
On voit jusqu'à des jeunes filles
Sous le fusil broyer leur sein.

On n'arrête pas le murmure
Du peuple, quand il dit : J'ai faim !
Car c'est le cri de la nature :
    Il faut du pain !

Arrêtez dans la populace
Ceux qui portent fusils et faux ;
Faites dresser en pleine place
La charpente des échafauds.
Aux yeux des foules consternées
Après que le couteau glissant
Aura tranché leurs destinées,
Un cri s'élèvera du sang.

On n'arrête pas le murmure
Du peuple, quand il dit : J'ai faim !
Car c'est le cri de la nature :
    Il faut du pain !

C'est que le pain est nécessaire
Autant que l'eau, l'air et le feu :
Sans le pain on ne peut rien faire :
Le pain est la dette de Dieu.
Mais Dieu nous a payé sa dette ;
A-t-il refusé le terrain ?
Le soleil luit sur notre tête
Et peut toujours mûrir le grain.

On n'arrête pas le murmure
Du peuple, quand il dit : J'ai faim !
Car c'est le cri de la nature :
    Il faut du pain !

La terre n'est pas labourée,
Et le blé devrait, abondant,
Jaunir la zone tempérée,
Et du pôle au tropique ardent.
Déchirons le sein de la terre,
Et, pour ce combat tout d'amour,
Changeons les armes de la guerre
En des instruments de labour.

On n'arrête pas le murmure
Du peuple, quand il dit : J'ai faim !
Car c'est le cri de la nature :
    Il faut du pain !

Que nous font les querelles vaines
Des cabinets européens ?
Faudrait-il encor pour ces haines
Armer nos bras cyclopéens ?
Du peuple océan qui se rue
Craignez le flux et reflux ;
Donnez la terre à la charrue,
Et le pain ne manquera plus.

On n'arrête pas le murmure
Du peuple, quand il dit : J'ai faim !
Car c'est le cri de la nature :
    Il faut du pain !

LES FILETS.

LES FILETS.

Le pêcheur tient sur son épaule
Son grand filet armé de plomb.
Ses enfants pleurent sur le môle,
Leur mère trouve le temps long.
Le filet se déploie et plonge,
De la pêche dépend leur sort.
Et bientôt, ce n'est point un songe,
Mille poissons dansent au bord.

Que l'eau soit clémente ou perfide,
Que le filet soit lourd ou vide,
Le pêcheur aime, et dans l'amour
Il trouve, quand l'onde est trompeuse,
Une pêche miraculeuse
Qui le fait vivre au jour le jour.

Pour le chaume, quelle richesse !...
Mais le pêcheur sur son chemin
Voit des frères dans la détresse
A son filet tendre la main.
Hommes et femmes en guenilles,
Enfants nus qui n'ont pas mangé,
Prenez pour vous et vos familles,
Mon grand filet a dégorgé.

Que l'eau soit clémente ou perfide,
Que le filet soit lourd ou vide,

Le pêcheur aime, et dans l'amour
Il trouve, quand l'onde est trompeuse,
Une pêche miraculeuse
Qui le fait vivre au jour le jour.

Le pêcheur au logis rapporte
Un seul poisson ! Ce sont des cris ;
Car en le guettant de la porte,
En sa bonne œuvre on l'a surpris.
On gronde, cependant on mange.
L'hôtesse, en partageant la chair
Du poisson d'or, bonheur étrange !
Y voit luire un diamant clair.

Que l'eau soit clémente ou perfide,
Que le filet soit lourd ou vide,
Le pêcheur aime, et dans l'amour
Il trouve, quand l'onde est trompeuse,
Une pêche miraculeuse
Qui le fait vivre au jour le jour.

Le rêve de la bonne femme
Transforme son chaume en palais ;
La voilà fière et grande dame,
Elle foule aux pieds les filets.
L'époux eut de la fine pierre,
Chez le joaillier, vingt écus d'or ;
Mais la famine et la misère,
Au retour le guettaient encor.

Que l'eau soit clémente ou perfide,
Que le filet soit lourd ou vide,
Le pêcheur aime, et dans l'amour
Il trouve, quand l'onde est trompeuse,
Une pêche miraculeuse
Qui le fait vivre au jour le jour.

Nous n'avons ni filet ni rame,
Disent en chœur les malheureux.
Le pêcheur sent faillir son âme,
Et son or se partage entre eux.
Au logis, nouvelle tempête ;
Mais lui, certain de l'apaiser,
De sa voix aimante répète
Son chant suivi d'un long baiser :

Que l'eau soit clémente ou perfide,
Que le filet soit lourd ou vide,
Le pêcheur aime, et dans l'amour
Il trouve, quand l'onde est trompeuse,
Une pêche miraculeuse
Qui le fait vivre au jour le jour.

NOTES
DU TOME PREMIER.

LES BOEUFS.
¹ Si le fils de notre régent.

On s'est demandé quel était le sens précis de ce mot régent. La date de la chanson l'explique. La chambre des députés venait de voter la loi sur la régence ; et le paysan est censé ne pas voir plus haut ni plus loin que le futur régent.

² LE CHANT DES OUVRIERS.

Ce chant est venu le premier après les études rustiques ; c'est en peignant d'après nature, et sans dessein préconçu, que l'auteur a rencontré la fibre populaire ; la date en fait foi.

LE VIN DE LA PLANÈTE.

On sait que la récolte du vin fut excellente en 1846.

³ Les savants l'ont bien prouvé.

Allusion à la planète Le Verrier, nommée depuis *Neptune*, découverte par Le Verrier en 1846.

LE CHANT DES ÉTUDIANTS.
⁴ Comme a fait Robert Blum.....

Robert Blum, ancien étudiant allemand, libraire et membre du parlement de Francfort, combattit en 1848 à la tête de la légion académique composée d'étudiants autrichiens ; il fut fusillé à Vienne

MA VIGNE.

Quelques critiques attribuent inconsidérément à l'auteur le sentiment exprimé dans ce refrain :

⁵ Je songe en remerciant Dieu
Qu'ils n'en ont pas dans l'Angleterre.

Ce refrain, comme celui de la chanson des bœufs, n'est que l'expression d'un type rustique, dont l'auteur n'est que le peintre et le traducteur.

LA CHANSON DU BLÉ.

⁶ Le lion rugit solitaire.

Il s'agit du signe du zodiaque : *Le Lion*.

⁷ LES TAUREAUX.

Chanson faite dans un rhythme méridional, et dans le goût des mélodies languedociennes.

⁸ LE CUIRASSIER DE WATERLOO.

Fait à la vue du cuirassier de Géricault, racheté depuis par le gouvernement.

KOSSUTH.

⁹ O Georgey, dit-il, c'est en toi

. . . .

Que j'avais mis toute ma foi.

Kossuth avait cédé à Georgey le commandement des troupes hongroises avec ses pleins pouvoirs ; Georgey se rendit aux Russes le 19 août 1849.

¹⁰ L'ÉMIGRÉE DE FRANCE.

Il y eut après février 1848 une sorte d'émigration momentanée en Angleterre.

LE CHANT DU PAIN.

La famine de 1846-47 a inspiré ce chant ; le pain se vendait à Paris vingt-sept sous les quatre livres ; cette strophe :

¹¹ Arrêtez dans la populace,

Ceux qui portent fusil et faux.

Rappelle les condamnations à mort des paysans de Buzançais.

¹² A UN BERCEAU.

Cette romance a été mise en musique par M. E. Reyer. Il y a quelques autres chants ou chansons avec la musique de compositeurs divers, mais c'est par exception ; et les lecteurs n'auront pas à le regretter, c'est toujours à la demande de l'auteur que la musique a été confiée à d'autres compositeurs, dont les noms seront toujours indiqués ; toute la musique sans indication de noms est de Pierre Dupont.

¹³ LE CHANT DES NATIONS.

Ce chant est venu à la suite d'un petit poëme de l'auteur intitulé : Fin de la Pologne, inspiré à l'occasion du démembrement de cette nation, par le traité conclu entre l'Autriche, la Russie et la Prusse.

TABLE DES MATIÈRES

DU TOME PREMIER.

Notice sur Pierre Dupont, par Ch. Baudelaire............. 1
Préface de l'auteur... 9
Les Bœufs... 17
Le Chant des ouvriers... 21
Belzébut.. 25
La Blonde... 29
Le Chant des transportés..................................... 33
Les Louis d'or.. 37
La Fille du peuple... 41
1852... 45
Le Chien de berger.. 49
Les Fers à cheval.. 53
Le Chant des soldats.. 57
Mon Ane.. 61
La Châtaine.. 65
Les deux Compagnons du devoir............................ 69
Le Vin de la planète... 73
La Chaîne.. 77
Le Chant des étudiants....................................... 81
Ma Vigne... 85
Le Sauvage... 89
La Véronique.. 93
Le Noël des paysans.. 97
Le Cuirassier de Waterloo................................... 101
La Chanson du blé.. 105

TABLE DES MATIÈRES.

La Joueuse de guitare	109
Kossuth	113
Le Braconnier	117
L'Émigrée de France	121
Le Dahlia bleu	125
Le Chant des nations	129
La Musette neuve	133
Je veux battre les noix	137
La Brune	141
La Fête	145
Hégésippe Moreau	149
A un berceau	153
Les Taureaux	157
Le Jour des morts à la campagne	161
Le Chant du pain	165
Les Filets	169
Notes du premier volume	173

FIN DE LA TABLE DU TOME PREMIER.

Paris. — Imprimerie de L. MARTINET, rue Mignon, 2.

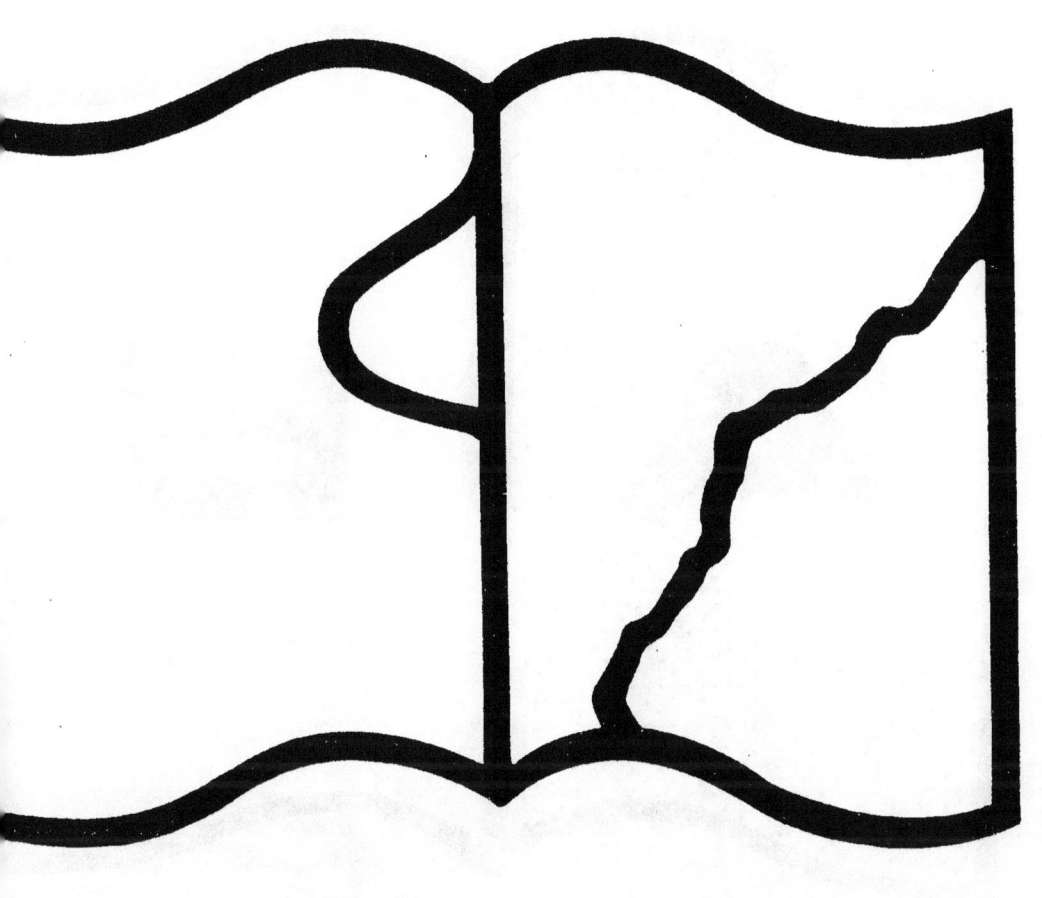

Texte détérioré — reliure défectueuse

NF Z 43-120-11

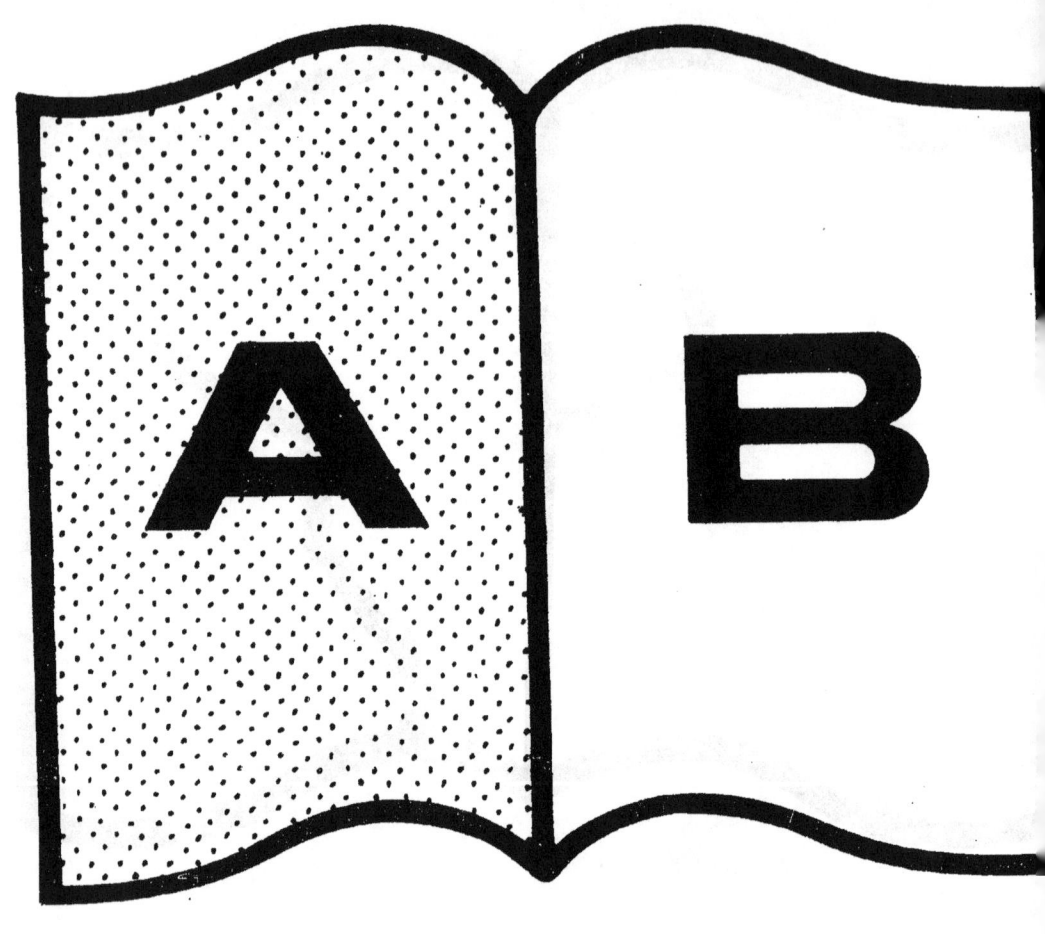

Contraste insuffisant

NF Z 43-120-14

www.ingramcontent.com/pod-product-compliance
Lightning Source LLC
Chambersburg PA
CBHW050330170426
43200CB00009BA/1536